跨越

"数字鸿沟"

老年教育智能技术类课程开发

主 编 尹 睿 张国杰 刘路莎
副主编 温文慧

SPM
南方传媒 广东人民出版社
·广州·

图书在版编目（CIP）数据

跨越"数字鸿沟"：老年教育智能技术类课程开发 / 尹睿，张国杰，刘路莎主编. —广州：广东人民出版社，2023.11
ISBN 978-7-218-17132-6

Ⅰ.①跨… Ⅱ.①尹… ②张… ③刘… Ⅲ.①老年教育—研究 ②智能技术—应用—研究 Ⅳ.①G777 ②TP18

中国国家版本馆CIP数据核字（2023）第227268号

KUAYUE "SHUZI HONGGOU" : LAONIAN JIAOYU ZHINENG JISHULEI KECHENG KAIFA

跨越"数字鸿沟"：老年教育智能技术类课程开发

尹　睿　张国杰　刘路莎　主编
温文慧　副主编

版权所有　翻印必究

出 版 人：肖风华

策划编辑：黄洁华
责任编辑：陶潇潇
责任技编：吴彦斌
装帧设计：奔流文化

出版发行：广东人民出版社
地　　址：广州市越秀区大沙头四马路 10 号（邮政编码：510199）
电　　话：（020）85716809（总编室）
传　　真：（020）83289585
网　　址：http://www.gdpph.com
印　　刷：广东虎彩云印刷有限公司
开　　本：787 毫米 × 1092 毫米　1/16
印　　张：13.75　字　　数：200 千
版　　次：2023 年 11 月第 1 版
印　　次：2023 年 11 月第 1 次印刷
定　　价：48.00 元

如发现印装质量问题，影响阅读，请与出版社（020-87712513）联系调换。
售书热线：020-87717307

前 言

迈入新时代，中国走上中国式现代化的新征程。党的二十大报告明确指出"中国式现代化是一种人口规模巨大、全体人民共同富裕、物质文明与精神文明相协调、人与自然和谐共生、走和平发展道路的现代化"。人口规模巨大是我国人口的长期特征。我国第七次全国人口普查结果显示，60岁及以上年龄的人口总数为2.64亿，占总人口比重18.7%，预计"十四五"时期这一数字突破3亿，快速老龄化趋势日益明显。积极应对人口老龄化是中国式现代化建设的重要战略，关系到民生福祉的增进、人民生活品质的提高。发展终身教育，建设全民终身学习的学习型社会是积极应对人口老龄化的重要路径。

近年来，以互联网、物联网、虚拟现实、人工智能等新一代信息技术迅速发展，人们的生活方式和社会的服务业态发生变革。老年人"数字鸿沟"问题日益显现，2021年，国务院发布《关于印发"十四五"国家老龄事业发展和养老服务体系规划的通知》，明确指出"在'十四五'时期，老年人在运用智能技术方面遇到的困难得到有效解决，广大老年人更好地适应并融入智慧社会"。

课程是教育运作的核心，是衡量教育质量的重要依据。为助力老年人跨越"数字鸿沟",提升老年人的数字素养,国家启动"智慧助老"项目,将"开展老年人智能技术教育"列为新时期老年教育的重点内容。各地开放大学开始积极尝试探索老年教育智能技术类课程的建设,如广州老年开放大学在2018年开设了"智能生活"课程、济宁老年大学在2021年开设了"智能手机应用"课程、上海静安老年大学在2022年开设了"智能应用与生活"课程等。

尽管如此,老年教育智能技术类课程仍相对匮乏,课程体系尚未成型,无法满足老年人多样化、多层次的学习需求。老年学习者之所需所求,就是教育工作者的奋斗目标,广州老年开放大学启动了《跨越"数字鸿沟":老年教育智能技术类课程开发》编写。本书以积极老龄化为理念,以提升老年人数字素养为目标,聚焦老年人智能技术的应用需求,按照课程开发的相关理论和逻辑理路,构建了比较规范的课程内容体系,帮助开放大学从事老年教育的工作者系统掌握适老化智能技术类课程开发的原理与方法,有效解决课程开发中的一些困惑与问题,提高其老年教育课程开发意识与能力,并能够结合自身实际,开发出适合老年人学习需求的智能技术类课程。本书可作为开放大学、社区老年教育机构等成人教育机构以及其他对老年教育感兴趣的社会工作者的参考用书。本书是广州老年开放大学"智慧助老"项目成果之一。

本书共七章。第一章"老年教育智能技术类课程开发概述",介绍了老年教育智能技术类课程开发的背景、意义,梳理了课程开发的相关概念,明晰课程开发的流程;第二章"老年教育智能技术类课程的设置",从老年教育理念的角度出发,阐述了老年教育智能技术类课程设置的定位,提出了老年数字素养导向的阶梯化智能技术类课程体系;第三章"老年教育智能技术类课程开发的原则",从老年人的心理发展、生活场景、学习需求和技术学习困难的角度出发,阐释了老年教育智能技术类课程开发的原则；第四章"老年教育智能技术类课程目标的确定"，论述了老年教育智能技术类课程目标的来源及其设计与表述方法；第五章"老年教育智能技术类课程内容的研制"，探讨了老年教育智能技术类课程内容的选择与组织的方法，以及数字教材和微课的开发方法；第六章"老年教育智能技术类课程的实施"，介绍了讲授演练、微课导学、个别化指导、朋辈互助、情境探究、场景学习、混合式教学七大模式的实施条件与操作程序；第七章"老年教育智能技术类课程的评价"，厘清了老年教育智能技术类课程评价的特征、对象与方法。本书力求体现以下三个特点：

第一，科学性与思想性统一。本书遵循老年教育的规律，以普惠包容、赋权增能和体验学习为理念，结合老年人认知发展特点、学习习惯和学习需求，阐明老年教育智能技术类课程开发的原理与方法，尽可能增强课程开发的适老化、适学性、适教性。这既是老年教育课程开发的科学化路向，也是老年教育课程开发的思想性体现。

第二，理论性与实践性结合。本书既着眼于从课程开发的逻辑理路阐发老年教育智能技术类课程开发的原理与方法，又基于原理与方法精心择用相应的案例予以说明，使得原理—方法—实例交融，有利于读者理解、模仿并转化性运用。案例具有真实性、实用性和典型性。其中，书中引用的案例《银发潮人的智慧生活》课程，其教材曾入选"向全国老年人推荐优秀出版物"。

第三，可读性与实用性融通。本书注重体现老年教育智能技术类课程开发的内在逻辑、方法要点的体系化陈述，又在论述中穿插"拓展阅读""深度思考""应用迁移"，引导读者在思想上、行动上与本书深度交互，实现务实有效学习和知识技能应用。

本书的框架结构由尹睿设计，每章的案例由张国杰提供。参与撰写的人员有（以章数为序）：尹睿、温文慧（第一章）；尹睿（第二章）；欧成乐、尹睿（第三章）；尹睿、周依慧（第四章）；尹睿、温文慧（第五章）；温文慧、尹睿（第六章）；尹睿、刘路莎（第七章）。全部书稿由尹睿修改、统稿、定稿。课程配套微课由张国杰主讲。

在撰写本书的过程中，我们发现智能技术更新日新月异，其在老年人生活应用中的场景不断丰富与延展，加之老年人群广泛，而且对智能技术的态度、认知、操作技能上存在较大差异，所以，本书力图在普适层面对老年教育智能技术类课程开发原理与方法的构建做出探索性努力。在撰写本书的过程中，我们参考和引用了国内外相关文献，特此向作者致以衷心感谢!特请中国教育发展战略学会终身学习委顾问、原中国成人教育协会副会长兼社区教育专委会理事长、社区老年教育资深专家陈乃林审稿斧正，广东人民出版社陶潇潇编辑为本书的撰写付出了大量的精力，特此致以诚挚的谢意!本书的疏漏之处在所难免，恳请各位专家和广大读者批评指正。

序言

　　与广州开放大学的张国杰老师结识多年，我对他在老年教育领域的实践与研究工作印象深刻。他深耕一线多年，对社区老年教育事业的专注和热情令人感佩。最近，他传来与华南师范大学尹睿副教授合作的《跨越"数字鸿沟"：老年教育智能技术类课程开发》新著书稿，并嘱我作个序。如此扎实的研究成果，我有幸率先阅览，感受良多，写些读后感言与作者和读者分享。

　　人口老龄化是社会发展的重要趋势，也是我国贯穿整个21世纪的基本国情，帮助老年人跨越数字鸿沟是当前社会面临的重要挑战。老年人在运用智能技术方面存在困难，不仅影响了他们的生活质量，也限制了他们参与到数字化社会中。为了切实解决这个问题，2020年国务院办公厅印发《关于切实解决老年人运用智能技术困难的实施方案》，文件中把开展"老年人智能技术教育"作为重点任务，并将加强老年人运用智能技术能力列为老年教育的重点内容，提出要通过体验学习、尝试应用、经验交流、互助帮扶等方式，引导老年人了解新事物、体验新科技，积极融入智慧社会。在各级党委政府和社会各界开始高度关注并重视开展"智慧助老"行动之际,《跨越"数字鸿沟":老年教育智能技术类课程开发》的出版可谓正逢其时。

本书基于广州开放大学开展"智慧助老"工作的教学实践,以积极老龄化为理念,以提升老年人数字素养为目标,聚焦老年人智能技术的实际应用需求,按照课程开发的相关理论和逻辑理路,构建了比较规范的课程内容体系,可以帮助从事老年教育的教师和管理工作者,系统掌握适老化智能技术类课程开发的原理与方法,提高老年教育课程的开发意识与能力。通观新著全篇,我感到本书有两大亮点:一是创新性,本书从开发理论、体系构建到课程评价,较为系统地阐述了适老化智能技术类课程开发的原理与方法,填补了老年教育智能技术类课程建设研究的空白。二是实用性,本书通过深入浅出的语言、虚实结合的学习情境和生动形象的案例,把智能技术理论应用于老年教育具体教学实践,可以为从事老年教育工作的一线教师和管理人员提供行动路径、教学技巧与实践案例。

总之,《跨越"数字鸿沟":老年教育智能技术类课程开发》一书理念先进,思路清晰,结构完整,内容翔实,方法得当,兼顾理论价值与实践意义,具备鲜明的实践导向作用,既为适老化智能技术类课程开发理论提供了创新性实践成果与认识视角,也为一线教师和管理人员开发课程提供了指导思路和学习支架。当然,本书可以继续在老年教育智能技术类课程开发的理论提炼上,以及在智能技术应用的隐私和伦理问题引导上再做深入挖掘。但是瑕不掩瑜,本书作为目前为数不多的适老化智能技术类课程开发的研究成果,相信可以为一线教师和管理人员提供思考与启发,并推动老年教育智能技术课程的创新与应用,为跨越"数字鸿沟"的老年人提供更多的学习机会和资源,进而为共同创造一个科技智慧、充满机遇的老年教育新时代添砖加瓦。

承蒙张国杰老师好意，在著书期间多次约我写序，推辞不果，就将一些感受和思考写在这里，是以为序。

福建开放大学副校长　沈光辉

2023年10月于福州桂山

目　录

第一章

老年教育智能技术类课程开发的概述

任何课程开发都打着时代的客观制约和研制者的主观努力的烙印。①

——黄甫全

第一节　老年教育智能技术类课程开发的背景

老年教育系统与其他教育系统一样，教学工作是核心。其中，课程开发是一切教学工作的重点。课程是老年人了解社会、关注社会、融入社会、参与社会的桥梁。因需设课、因地制宜是各层级老年教育课程开发的基本原则。随着时代发展，老年教育课程开发也紧跟社会潮流。老年教育智能技术类课程开发正是响应国家积极老龄化的战略，在推进"智慧助老"的行动规划中，解决老年教育课程建设问题的一项新尝试。

一、积极老龄化的内在之驱

我国第七次全国人口普查结果显示，60岁及以上年龄的人口总数

---

① 黄甫全. 现代课程与教学论（第三版）［M］. 北京：人民教育出版社，2014：184.

为2.64亿，占总人口比重18.7%，预计"十四五"时期这一数字将突破3亿，我国将从轻度老龄化进入中度老龄化阶段。①中国成为当今世界上人口老龄化极为快速、老龄人口规模极大的发展中国家之一。为应对人口老龄化的发展趋势，党中央把积极应对人口老龄化上升为国家战略，在《中华人民共和国国民经济和社会发展第十四个五年规划和2035年远景目标纲要》中作了专门部署。

传统老龄观念将老年人定义为"衰弱、无价值"的消极形象，而忽视了老年人的潜在能动性和社会价值。②直到20世纪末，拉斯勒（Laslett，P.）在其著作《生命的新地图：第三年龄的出现》中，提出将人生分为四个年龄段：第一阶段具有依赖、社会化、不成熟、受教育等特征；第二阶段具有独立、成熟、责任、收入、储蓄等特征；第三阶段具有个人价值实现或成功的特征；第四阶段具有依赖、衰老、死亡等特征。他认为仅仅从第四阶段关注老年人的衰老和依赖会扼杀人类的潜能。因此，在他看来，老年生活应分为两个部分，即拥有健康身体追求自由发展的第三阶段和出现生理和心理障碍功能的第四阶段。③与此同时，积极心理学运动盛行，推动老龄问题研究向"积极老龄化"方向发展。积极心理学运动致力于开发人的潜能与美德，引导人们激发自身内在的积极力量与优秀品质，从而实现自我价值，表现在对待老龄人群的态度与行动上，就是要消除社会对老年人群的年龄偏见，帮助老年人群树立积极乐观的心态，并为其社会参与提供良

---

① 新华社. 面对2.64亿人，中国守护最美"夕阳红"——"十三五"时期积极应对人口老龄化工作综述［EB/OL］.［2022-09-18］. http://www.gov.cn/xinwen/2021-10/13/content_5642333.htm.

② 边恕，黎蔺娴. 积极老龄化视角下的我国多维养老服务体系研究［J］. 辽宁大学学报（哲学社会科学版），2019（3）：83-91.

③ 刘文，焦佩. 国际视野中的积极老龄化研究［J］. 中山大学学报（社会科学版），2015（1）：167-180.

好的环境。2002年，世界卫生组织在第二届世界老龄大会上正式提出"积极老龄化"理论框架，将积极老龄化定义为：老年人能够充分发挥自身体力、精神及社会潜能，并按照自己的需求、愿望和能力去参与社会，以实现生活质量的提升，同时也能在需要帮助时获得充分的保障和照料。①积极老龄化包括三个基本要素：健康、参与和保障。健康，指老年人能够维持良好的身体、心理及社会交往状态，是积极老龄化的先决条件；参与，指老年人能根据自己的能力和兴趣、参与到文化、娱乐、经济等社会生活中，实现老有所为，是积极老龄化的核心内涵；保障，指老年人在部分或全部丧失自理能力时，能够得到足够的照护支持，以满足其身心、经济及社会支持等层面的需求，是积极老龄化的必要条件。②

当前65岁以上的老年群体多为婴儿潮一代，是第一批见证技术变革的群体，在面对数字/智能技术时往往经历较为艰难的学习过程，他们通常被称为数字移民（Digital Immigrants）③，这是根本性的时代因素。面对日益加速迭代的智能技术，老年群体面临诸多使用困难。主观因素表现为部分老年人对新技术的抵制，可能出于对技术原理与使用方法不理解而带来的科技恐惧心理，对数字技术完全控制生活的担忧，抑或是"习得性无助""技术自我效能感低"引发的技术焦虑。然而，无法正常使用数字技术可能会放大衰老的感觉。④客观因素包括

① World Health Organization. Active ageing：A policy framework［EB/OL］. http://www.who.int/ageing/publications/active_ageing/en/.

② 李宏洁，张艳，杜灿灿，等. 积极老龄化理论的国内外研究进展［J］. 中国老年学杂志，2022（3）：1222-1226.

③ 赵宇翔. 数字悟性：基于数字原住民和数字移民的概念初探［J］. 中国图书馆学报，2014（11）：43-54.

④ Pirhonen, J., Lolich, L., Tuominen, K., et al. "These Devices Have Not Been Made For Older People's Needs"—Older Adults' Perceptions of Digital Technologies in Finland and Ireland［J］. Technology in Society，2020，62：101287.

身体条件、经济情况、社会支持等。其中，感官能力下降、认知能力衰退是主要障碍。[①]积极老龄化的突出表现是，将老年人口视为有能力继续为社会发展发挥余热的宝贵资源，而不再一律简单视其为需要供养和救助的社会负担。[②]其宗旨理念要求老年人能够直面智能时代快速发展所带来的数字鸿沟问题。

老年大学是促进积极老龄化的实施主体之一。研究表明，参与老年大学不仅有助于提升老年人的心理健康水平和生活质量，[③]还能增加老年人对互联网新兴技术的接触和使用，提升其在信息时代的社会参与水平。[④]老年大学开展老年教育智能技术类课程开发，是对新时代积极老龄化的生动注解。它要求在最大程度上考虑老年人的学情，设身处地地为老年人设置符合其学习规律、生活规律、心理状态与生理状态等方面的课程，助力其弥合数字鸿沟。

二、智慧助老的主动作为

1990年，在美国旧金山举行了以"智慧城市、全球网络"为主题的国际会议，智慧城市构想首次被提出；2008年，IBM公司推出"智慧地球"概念，首次提出"智慧地球以城市为基准"的思想，智慧地球被认为是智慧城市的终极目标。智慧城市是一种新的城市理念和模

---

① 张硕. 中国城市老年人电脑/互联网使用影响因素研究：基于北京市朝阳区的调查［J］. 国际新闻界，2013（7）：51-61.

② 庞凤喜，王绿荫，王希瑞，等. 上海市积极老龄化的实践与启示［J］. 经济与管理评论，2022（7）：63-73.

③ Martins，R.，Casetto，S.，Guerra，R.. Changes in Quality of Life：The Experience of Elderly Persons at A University of The Third Age［J］. Rev Bras Geriatr Gerontol，2019，22（1）：e180167.

④ Cattaneo，M.，Malighetti，P.，Spinelli，D.. The Impact of University of The Third Age Courses on ICT Adoption［J］. Computers in Human Behavior，2016，63：613-619.

式，它基于信息通信技术，全面感知、分析、整合和处理城市生态中的各类信息，及时做出智能化响应，提升城市的运行效率。[①]在此背景下，中国也加快了智慧城市的建设步伐。目前，智慧城市建设已上升为国家战略，成为中国城市的广泛实践，超过89%地级及以上城市、47%县级及以上城市均提出建设智慧城市的宏伟蓝图。

各省市在发布实施智慧城市总体行动计划的同时，不断推进"智慧教育""智慧医疗""智慧交通"等具体领域实践，结合地理信息和人工智能等信息技术应用，将建筑、街道、管网、环境、交通、人口、经济等领域运行情况通过数据进行实时反馈，进而涌现出了一批政务、教育、就业、社保、养老、医疗和文化的创新服务模式。[②]例如，在政务领域，计算机识别、自然语言处理、智能问答、区块链和机器人流程自动化等技术帮助政府实现全业务、全要素和全流程数字化、网络化、生态化和智能化，推动"放管服"改革的落实；在交通领域，通过高速公路监控、公路电子收费、智能地图和停车指引等系统，有效分配城市交通资源，解决交通拥堵问题；在医疗领域，打造以患者为中心的建筑智能化、通信自动化、业务专业化的智慧医疗环境，提供智慧移动医疗、智慧区域医疗、智慧公共卫生服务和管理，将患者、医务人员、医疗设备、医疗机构等主体连接起来，实现高度智能化的卫生决策和监管。

智能技术改变了智慧城市中居民的生活方式，影响了居民的日常

---

① 信风智库. 解码智能时代：刷新未来认知［M］. 重庆：重庆大学出版社，2020：143.

② 国家工业信息安全发展研究中心，中国产业互联网发展联盟，工业应用工信部重点实验室，人民网财经研究院，联想集团. 依托智慧服务 共创新型智慧城市——智慧城市白皮书（2022年）［R］. 北京：国家工业信息安全发展研究中心，2022：5.

活动模式。①例如，融合智能化算法的手机应用服务影响着居民的出行决策，穿戴式设备的不断更新发展影响着居民活动，智慧家居科技的应用使得家庭空间变得更智能与可感知，方便居民进行远程遥控。万物互联的城市中居民不再是孤立于技术之外的个体，而是融入互联网络之中，居民个体被数字化，成为"万物"中的核心环节。居民的活动方式与服务需求发生改变，在这个过程里，人不断创造服务需求，而技术则提供与之匹配的服务满足人的需求，居民既是服务的提出者，也是服务的接受者。②老年人作为城市居民中的重要群体，毫无疑问地必将受到新生活模式的影响。然而，因其生理、心理及其认知等方面的问题而产生对新生活模式的不适应，从而陷入被"边缘化""游离化"的困境，引发前所未有的"数字生存危机"。

为积极应对老年人"数字鸿沟"的新问题，2021年12月，《国务院关于印发"十四五"国家老龄事业发展和养老服务体系规划的通知》，明确指出：在"十四五"时期，"老年人在运用智能技术方面遇到的困难得到有效解决，广大老年人更好地适应并融入智慧社会"。③"智慧助老"是一项关键行动，具体任务在2020年国务院印发的《关于切实解决老年人运用智能技术困难的实施方案》中明确列出。以马斯洛（Maslow, A.H.）需求层次理论为标尺，"智慧助老"的行动任务分成了面向老年人生理需求、安全需求、社交需求、尊重需求和自我实现需求五大任务（如图1-1所示）。其中，"开展老年

---

① Kwan, M.P., Dijst, M., Schwanen, T.. The Interaction between ICT and Human Activity-Travel Behavior［J］. Transportation Research Part A: Policy and Practice, 2007, 41（2）: 121-124.

② 孔宇，甄峰，张姗琪. 智能技术对城市居民活动影响的研究进展与展望［J］. 地理科学，2022，（4）：413-425.

③ 国务院. 关于印发"十四五"国家老龄事业发展和养老服务体系规划的通知［EB/OL］.［2023-02-12］. http://lnjyw.org/Pages/Notice/2022/02/22/06de6d11-792a-405a-bac1-bb56a0931b06.htm.

人智能技术教育，将加强老年人运用智能技术能力列为老年教育的重点内容，通过体验学习、尝试应用、经验交流、互助帮扶等，引导老年人了解新事物、体验新科技，积极融入智慧社会"是面向自我实现需求的任务之一。具体做法包括：①在全国城乡社区普遍开展老年人运用智能技术教育培训；②研究编制一批老年人运用智能技术教育培训教材，鼓励老年人家庭成员、相关社会组织加强对老年人的培训；③遴选培育一批智慧助老志愿服务团队，为老年人运用智能技术提供志愿培训和服务；④加强智慧助老公益宣传，营造帮助老年人解决运用智能技术困难的良好氛围。近年来，全国各地陆续启动"智慧助老"行动，不少省市地区（如浙江、上海、山东、四川等）积极探索"智慧助老"的行动案例。本书作者在对教育部推介的308个"智慧助老"案例分析中发现，有263份案例都谈及老年教育智能技术课程的开发。例如，浙江省嘉兴市平湖社区在智慧助老"百千万"专项行动

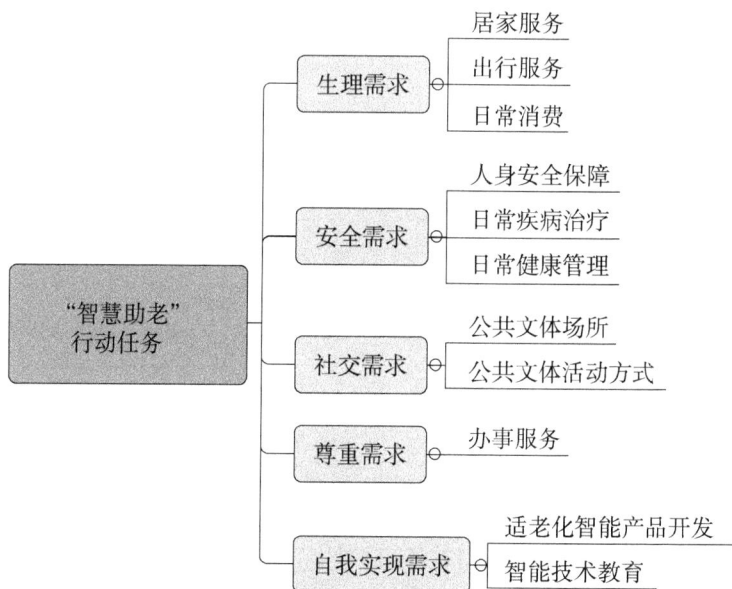

图1-1　"智慧助老"行动任务

中，推出了《老年"智生活"助手》系列课程。这一系列课程着眼于老年人常用手机软件、防范诈骗，以及生活中吃、住、行、购、医等方面的智能手机应用，形成了系统完整的课程内容框架。可见，开展老年教育智能技术类课程开发研究与实践是落实"智慧助老"的行动举措。

拓展阅读

有文献显示，"智慧助老"一词最早出现在2013年北京市经济和信息化委员会编辑的《北京信息化年鉴2013》和来自2013年10月29日《劳动报》刊载的文章《智慧社区的"福利"——上海电信智慧助老见闻》中，但是这两篇文献都没有对"智慧助老"做出明确界定。2018年，左美云在《智慧养老：内涵与模式》中第一次明确对智慧助老做出描述。智慧助老，是用信息技术等现代科技帮助老年人，目的主要是4个：增、防、减、治。增，即增进老年人的能力，如防抖勺可以帮助患帕金森症的老年人自主进餐；防，即防止老年人出现风险，如防跌鞋是在感测老年人可能跌倒时给老年人足部一个反向的力，从而防止跌倒的风险；减，即减少老年人的认知负担，如养老服务系统自动挑选值得信赖的服务商或服务人员介绍给老年人，从而减少老年人东挑西选也不一定能找到好的服务商或服务人员的情况；治，即辅助老年人治疗疾病，如最简单的服药提醒器，可以提醒老年人按时服药。①

① 中国老年学和老年医学学会. 新时代积极应对人口老龄化发展报告——中国老龄化社会20年：成就、挑战与展望［R］. 北京：人民出版社，2021：299-322.

三、老年教育课程建设的时代之需

课程作为老年教育的主要载体，肩负着推动老年教育发展的新使命与新责任。本书作者借助中国知网（CNKI）学术检索工具，以"老年""课程"为检索语句，以"篇名"为检索项进行精确检索，以1992年1月1日—2022年4月1日为检索时间段，共检索到相关文献491篇；剔除高职院校老年教育专业课程研究及简评等无关文献，最后获得相关文献133篇，如图1-2所示。从宏观和微观两个层面对这些文献进行系统梳理发现：老年教育课程建设经历了一个逐渐关注、缓慢发展的过程，以提供休闲娱乐服务的单门课程建设为主，针对数字时代学习发展取向为主的系列课程建设仍不多见。

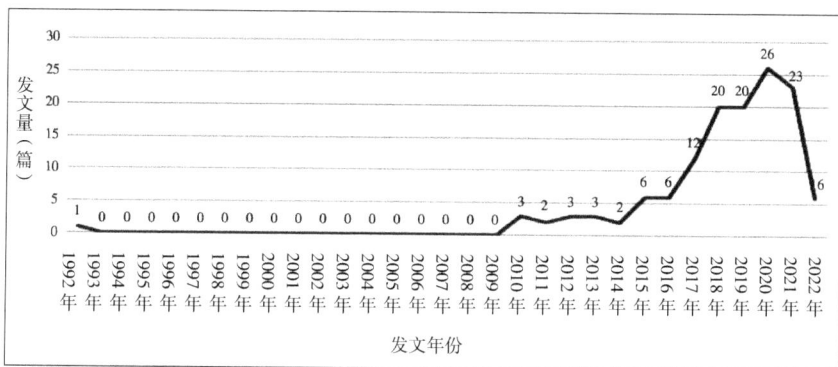

图1-2 1992—2022年老年教育课程相关研究文献数量分布

（一）宏观层面

我国学者对老年教育课程研究最早可追溯至1992年。30年来，我国老年教育课程研究大致经历了三个发展阶段：第一个阶段（1992—2009年）为老年教育课程研究初始期，这一时期相关文献数量基本没有明显增长，且1993—2009年属于停滞阶段。这一时期恰逢老年教育兴起之际，社会及研究者多关注老年教育办学原则、办学目标、指导思想等问题，提及老年教育课程的相关研究较少。第二个阶段

（2010—2016年）为老年教育课程研究缓慢发展阶段，这一时期相关研究文献数量增长较为缓慢。2011年9月，国务院印发《关于印发中国老龄事业发展"十二五"规划的通知》，明确提出创新老年教育体制机制、探索老年教育新模式、丰富教学内容等新发展需求，①引起人们对老年教育课程教学模式、教学内容的关注。2012年，全国老龄办发布了《关于进一步加强老年文化建设的意见》，明确提出创新老年教育课程、为老年人创造良好的学习条件和学习内容是大力发展老年教育的措施，②由此老年教育课程研究进入人们研究视野。第三个阶段（2017—2021年）为老年教育课程研究持续发展期，这一时期相关文献数量保持一定增幅。2016年10月，国务院印发《老年教育发展规划（2016—2020年）》，明确提出扩大老年教育资源供给、拓展老年教育发展路径、加强老年教育支持服务、创新老年教育发展机制、促进老年教育可持续发展等多项任务目标，首次将老年教育课程建设作为拓展老年教育发展的重要举措，③2017年开始引发研究者持续关注并不断探索老年教育课程建设。2019年11月，国务院印发《国家积极应对人口老龄化中长期规划》，明确提出积极应对老龄化的战略目标，④推动人们以"积极应对老龄化"的价值取向关注老年教育课程发展。

---

① 国务院. 关于印发中国老龄事业发展"十二五"规划的通知［EB/OL］.［2022-09-18］. http://www.gov.cn/zwgk/2011-09/23/ content_1954782.htm.

② 全国老龄办. 关于进一步加强老年文化建设的意见［EB/OL］.［2022-09-18］. http://www.0733.gov.cn/ztbd/zzlgbgz/zcwj/ 2017-02-14/201702149706.html.

③ 国务院. 国务院办公厅关于印发老年教育发展规划（2016—2020年）的通知［EB/OL］.［2022-12-12］. http://www.moe.gov.cn/jyb_xxgk/moe_1777/ moe_1778/201610/t20161019_285590.html.

④ 国务院. 国家积极应对人口老龄化中长期规划［EB/OL］.［2022-09-18］. http://www.gov.cn/xinwen/2019-11/21/content_ 5454347.htm.

（二）微观层面

我国学者关于老年教育课程微观层面研究主要集中在三个方面：一是课程建设问题研究，多为概述性研究，如陈黎指出目前老年大学的信息技术类课程在实施过程中存在教学内容高度同质化、课程建设缺乏统一性和标准性、学员兴趣较低、师资教学能力不足等亟待解决的问题。[①]二是课程体系研究，多侧重基于理论视角提出老年教育课程体系，如潘冬梅从需求幅度理论出发检视老年教育课程体系建设现状，并提出"应付型需求、表现型需求、服务型需求、影响型需求和自我超越型需求的课程体系"；[②]谢宇从社会参与理论视域提出"适应性教育—闲暇教育—老年人力资源开发教育"三层课程体系；[③]张黎黎根据老年人不同年龄段的日常生活、兴趣和生活技能需求构建了"纵—横"交互式课程体系；[④]李建等人基于对十所全国示范老年大学课程建设的调查，提出以提升基础性素质、培养创新性素质为取向，以基础课程、提升课程和创新课程为层次的老年大学信息素养课程体系。[⑤]三是课程设计与应用研究，重在探讨单门老年教育课程的设计方法与应用策略，且多以某个开放大学为案例，涉及的课程主要包括美术、体育、舞蹈、音乐、健康养生、隔代教养、书画等，少数涉及计

---

① 陈黎. 数字贫困背景下我国老年大学信息素养类课程设置探究［J］. 公关世界，2021（14）：92-93.

② 潘冬梅. 需求幅度理论视阈下老年教育课程体系的检视与构建——以国家开放大学老年开放大学为例［J］. 职教论坛，2017（6）：73-77.

③ 谢宇. 社会参与理论视阈下老年教育课程体系构建策略——以广州电大老年开放大学为例［J］. 广州广播电视大学学报，2018（10）：1-7.

④ 张黎黎. "互联网+"背景下老年群体信息技术课程体系构建［J］. 吉林广播电视大学学报，2020（9）：36-37.

⑤ 李建，陈闽芳，王运彬. 移动互联网环境下老年大学信息素养课程设置研究——对十所全国示范老年大学课程调查的思考［J］. 图书馆理论与实践，2019（2）：87-94.

算机、信息技术等。在这些课程的应用中，老年人也有着不同满意度表现。例如，对北京、山西、陕西、甘肃、四川五省市老年大学的调查结果中发现，老年学员最感兴趣的课程首先是健康保健和生活实用知识类课程，其次是休闲娱乐类课程，再次是时事政治类课程，最后是电脑、科技和外语类课程。①无独有偶，浙江省老年教育机构提供的课程受老年人欢迎的程度由高到低依次为医疗保健、文学艺术、文化娱乐、信息与科学技术。②

由此可见，老年教育课程研究虽然起步较早，但直至2016年才逐步引起社会和学术界的广泛关注，但是老年教育课程研究仍处于"摸着石头过河"阶段。在数字时代，智能技术、工具和软件日渐渗透到老年人的日常生活中，是老年人在参与智能生活的重要物质载体。因此，立足于提升老年人数字素养的长远目标，助力老年人跨越"数字鸿沟"，开展老年教育智能技术类课程建设研究与实践，是当前老年教育课程研究亟须解决的重要问题。

第二节　老年教育智能技术类课程开发的意义

老年教育智能技术类课程开发具有三大意义：促进老年人数字素养发展、优化老年大学教育服务供给和深化老年教育课程研究与实践。

---

① 王英，谭琳. 中国老年教育的可及性研究［J］. 学术论坛，2010（8）：173-177.

② 杨淑珺. 老年教育供给侧改革与发展研究——以浙江省为例［J］. 职教论坛，2016（9）：61-65.

一、促进老年人数字素养发展

老年人的数字鸿沟问题与老龄化社会相互叠加，使得越来越多的老年人因数字素养和技能的缺失而难以获得数字服务和参与数字生活。国家高度重视银龄数字助老行动，推动形成社会各界积极帮助老年人融入数字生活的良好氛围。但是，目前专门针对老年人数字素养服务的课程仍相对欠缺。老年大学作为老年教育系统的主体，开发老年教育智能技术类课程，不仅可以为老年人提供更加广泛的学习机会，而且可以帮助他们掌握并具备生活消费、交通出行、人际交往、家庭理财、养老照护等方面数字知识、技能及应用的基本素质，更好地融入包容性的数字社会，实现数字素养的健康发展。

二、优化老年大学教育服务供给

课程体系构建是未来老年大学在课程设置上的发展方向。老年大学从专业的角度建构课程体系，更加关注课程结构的合理性，如每门课程之间具有的关联性和平衡性；更加关注课程层次的递进性，即每门课程的各级水平的确定标准与衔接；更加专注课程模块的复杂性、丰富性和时代性等新要求。[①]过往的老年教育，偏重于文化娱乐、健康养生类课程建设，对于数字化时代信息应用类、智慧生活类课程关注较少，不少老年大学这方面的师资与教学也比较欠缺。建构老年教育智能技术类课程体系，可以优化老年大学的教育服务供给，确保课程设置始终与社会发展相适应，努力满足老年人多层次多样化需求。

三、深化老年教育课程研究与实践

在对老年教育课程研究与实践的分析发现，课程建设问题、课

---

① 岳瑛.《老年教育发展规划》对老年大学课程设置的启示［J］. 2018
（6）：54–57.

程体系、课程设计与应用是三个备受关注的领域。但是，触及课程体系、课程设计与应用等方面的文献相对较为欠缺。本书从课程与教学论的基本原理与方法出发，提出老年教育智能技术类课程开发方法，不仅适用于一门课程的建设，而且适用于由多门课程构成的课程体系建设，是老年教育领域一项探索性、开创性的工作，对于加强与指导老年教育课程的建设，深化老年教育课程研究与实践，推动老年教育的与时俱进、内涵发展，具有重要意义。

第三节　课程开发的认识

课程是特定教育系统中人才培养蓝图的具体表现，是教师从事教育活动的基本依据，是学习者获取知识的主要来源，也是评估教育教学质量的重要标准。厘清课程与课程开发的概念，明晰课程开发的流程，能为老年教育智能技术类课程的建设提供科学指导。

一、课程的概念

课程与课程开发作为专门术语概念，不同学者对其有着不同界定。通过对众多学者们的相关定义进行粗略梳理，可以看出课程与课程开发有着如下几种界定：

（一）教学科目说

在教育发展的历史上，课程一直被视为"教学科目"。例如，我国古代"六艺"（礼、乐、射、御、书、数）和欧洲中世纪的"七艺"（文法、修辞、辩证法、算术、几何、天文、音乐），指的就是学校要求和提供给学习者学习的教学内容。可见，"教学科目说"侧重将课程视为特定学科主题的内容集合。

（二）教学计划说

有人认为课程是一种学习计划，是学习者在学校指导下经历的所有经验的一种计划，是指导学习者获得全部教育性经验（含种族经验和个体经验）的计划。[①]可见，"教学计划说"重在将课程看作是一个动态的学习经验获得的过程性概念。

（三）学习结果说

有学者认为，课程不能仅突出学习者的学习经历，应关注预期的学习结果或目标。课程是一种预期教育结果的重新结构化序列。[②]可见，"学习结果说"强调课程目标的制定，要求所有的教学活动都是指向课程目标的。

（四）学习经验说

与"教学计划说"所主张的规定性计划不同，有学者指出课程实质上是学习者的特殊学习经验。经验是学习者在对所从事的学习活动的思考中形成的，这意味着课程不是要学习者学什么，而是关注学习者实际学到什么。可见，"学习经验说"突出学习者作为课程主体的主动性和实践性。

每一种有代表性的课程定义都有一定的指向性，即都是指向当时特定社会历史条件下课程所出现的问题，所以都有某种合理性，但同时也存在着某些局限性。对于教育工作者来说，重要的不是选择这种或那种可成定义，而是要意识到各种课程定义所要解决的问题以及伴

---

① 李臣之. 试论活动课程的本质［J］. 课程教材教法，1995（12）：9-16.

② 黄甫全. 阶梯型课程引论［M］. 贵阳：贵州人民出版社，1996：27.

随而来的新问题，以便根据课程实践的要求，做出明智的决策。[①]

虽然上述课程概念众说纷纭，略作统合，大致课程具有如下要点：①以目标、预期学习结果为导向；②以教师为计划、实施课程的主体，以学习者为对象；③以团体或个体的传授与互动为实施的方式；④以在校内或校外为实施的场所或地点；⑤以提供科目、知识、经验或学习机会（活动）为目的。[②]所以，从广义上看，课程是学校为实现培养目标而选择的教育内容及其进程的总和。它既包括学校所教的各门学科，也涵盖有目的、有计划的教育活动。

二、课程理论的主要流派

课程理论是课程研究者在不同社会历史条件下对课程问题所作的各种理解和思考，它是课程研究者的教育观和方法论的反映。[③]课程理论流派反映的是课程研究者在某种程度上对课程理论的某种趋同性认识。历史上，课程理论流派有很多。在这里，我们主要介绍结构主义课程理论、经验主义课程理论和人本主义课程理论。其实，任何一种课程理论都有其优势与不足，它们对老年教育智能技术类课程开发着重要启发意义。

（一）结构主义课程理论

结构主义课程理论是由结构主义心理学家布鲁纳（Bruner, J.S.）提出的。布鲁纳认为，每一种知识领域（学科）都存在着一系列的基本结构。不论我们选教什么学科，务必使学习者理解该学科的基本结

---

① 施良方. 课程理论［M］. 北京：教育科学出版社，1996：10.

② 王文科. 课程与教学论［M］. 台北：五南图书出版公司，1999：14.

③ 张立昌. 课程设计与评价自学辅导书［M］. 长春：东北师范大学，2010：3.

构。①学科的基本结构，是指各门学科的基本概念、基本原理、基本规律及其相互关系。掌握学科的基本结构，可以帮助学习者建立起知识之间的联系，促进学习者的认知发展，实现知识迁移，达到举一反三、触类旁通的目的。布鲁纳指出，学科的基本结构应适合学习者的认知发展规律，即"任何学科都能够在智育上以正确的方式，有效地教给任何发展阶段的任何学习者"②。这种学科的基本结构，通常以发现的方法让学习者探究获得。

结构主义课程主张螺旋式编制课程，即以与学习者思维方式相符的形式将学科基本结构置于课程中心。随着学习者思维的发展，不断拓宽加深学科的基本结构，使之在课程中呈螺旋上升的态势。为了更好地促进学习者的认知发展，螺旋之间要有连续性和发展性，即内容由浅到深，分阶段有序呈现。结构主义课程鼓励学习者成为发现者，围绕一定的问题，主动思考、探索和研究问题，得出结论，以建立对学科基本结构的认知。

（二）经验主义课程理论

经验主义课程理论是由实用主义哲学家杜威（Dewey，J.）提出的。该课程理论是以"经验"为核心建构起来的。杜威批判了传统身心二元对立的哲学，指出教育不是纯粹的、理性的、抽象的知识获得，而是经验的不断重组或改造。经验是有机体与环境相互作用的过程中，经历和感受它自己的行动的结果。经验包含一个主动的因素和一个被动的因素，这两个因素以特有的方式结合着在主动的方面，经

① 布鲁纳. 教育过程［M］. 邵瑞珍译. 北京：文化教育出版社，1982：31.
② 北京未来新世纪教育科学研究所. 教育名家名论［M］. 内蒙古：远方出版社，2006：159.

017

验就是尝试在被动的方面，经验就是经受结果。①

经验有着如下特性：统一性。经验既包括被经验到的客体，也包括作为经验主体的人；既包括获得经验的过程，也包括获得经验的结果；既包括经验到的事实，也包括事实蕴含的价值；既包括主动地尝试，也包括被动地遭遇。概言之，经验是主体、对象、内容、过程、方式的统一体。实践性。经验不是一个被动的认识过程，而是一个主动过程，且统一于人的行动之中。连续性。每种经验既从过去经验中采纳了某种东西，同时又以某种方式改变未来经验。所以，教育与经验有着联系，但是并非一切经验都具有真正的或同样的教育性质。经验有好坏之分，"任何对经验的继续生长有阻碍或歪曲的经验，都具有错误的教育作用"②。教育的作用是扩展有益的经验，改造错误的经验，从而促进个体经验的生长。相互作用性。经验的产生既非源于主体，也非源于客体，而是主体与环境相互作用的过程与结果。

经验主义课程强调以经验为基础，课程既要建立在个体已有经验的基础之上，又要从个体的现时经验中选择那种对未来经验具有启发意义的经验。经验主义课程注重"做中学"，课程要设计实践活动，让个体与环境在相互作用中扩充和丰富经验。

（三）人本主义课程理论

人本主义课程理论是基于人本主义心理学建构起来的，其代表人物有马斯洛和罗杰斯（Rogers，C.R.）。人本主义心理学强调人的尊严、价值、创造力和自我实现，把人的本性的自我实现归结为潜能的发挥。教育的目的是培养人格健全、和谐发展和活的自由的"完

---

① 赵祥麟，王承绪. 杜威教育论著选［M］. 上海：华东师范大学出版社，1981：174.

② ［美］杜威. 我们怎样思维经验与教育［M］. 姜文闵译. 北京：人民教育出版社，2004：248.

人"。这样的"完人"，首先是多种多样的潜能得以发挥，各个层次的需要得以实现；其次是认知、理智、情感和行为发展的统一。

人本主义课程主张以"自我实现"为课程目标。自我实现，即人的潜能的充分发挥。自我实现的人格特征包括整体性和创造性。整体性，就是身体、精神、理智、情感、情绪等方面的有机整体化和协调一致；创造性，就是个体具有创造性地做任何事情的态度和倾向，表现出享受变革乐趣的性格以及灵活恰当地应付突变情境的能力。①人本主义课程强调课程内容的综合化和适切性。综合化，即课程应统整知识、情意、体验等多种内容，为每一个学习者提供有助于个人自由和发展的经验；适切性，即课程内容应适合现代社会发展需要，满足每一个学习者的兴趣和需要，与每一个学习者的生活经验相联系。人本主义课程倡导创设充满尊重、理解、信任和愉悦的人际氛围，采用启发、讨论、探究、分享等方式组织教学实施，进而使学习者自由地表现自我、认识自我、实现自我。

三、课程开发的流程

说起课程开发②，人们可能最直接的想法就是课程内容的革新与重组。这一想法与将教什么和怎么教的分离不无关系。从上述广义的课程定义可以看出，课程不仅探讨"教什么"的问题，而且解决"怎么教"的问题。任何有关怎么教的决定一定是在与教什么相关联下作出的，而任何教什么的决定则必须是在与要达到的学习结果相关联下加以把握的。③

① 单中惠. 西方教育思想史［M］. 太原：山西人民出版社，1996：972.

② 课程开发，译为curriculum development，也称为"课程编制""课程研制"。本书不做严格意义上的区分。

③ 黄甫全. 现代课程与教学论（第三版）［M］. 北京：人民教育出版社，2014：183.

从根本上说，课程开发是有关的教育人员、机构和团体，按照一定思想和标准从文化中选择出教育内容，并进行专门的组织与开发，将其转化生成为学习者的经验，促进学习者发展和提升学习结果的过程。由于课程是学校为实现培养目标而选择的教育内容及其进程的总和，因此，课程开发要处理三大事项：一是从文化中选取专门的学习内容；二是对学习活动本身进行计划安排、实施和总结；三是提升学习活动的各种条件的计划、开发、配合应用和评价改善。[①]

课程开发的过程由课程的设计、实施和评价三个阶段组成。

（一）课程设计

课程设计是指包括教师在内的课程工作者做出决定并制订教师和学习者将要在教学活动中执行的教学计划的过程。具体说来，它包括确定指导理论、制订课程计划、研制课程标准（或各科教学大纲）和编制课程材料的过程。

1. 确定指导理论

任何课程的开发都是具体的，既有时代的客观制约性，也有开发者的主观努力。确立课程开发的指导理论，就是澄明课程理念与教育宗旨。这里的理念和宗旨，不仅来源于我们对社会的需要和生活于其中的个体的需要的信念，而且来源于我们对知识或文化发展的需要的信念。它贯穿于课程开发全过程，也就是说，建构课程开发的指导理论，将引导课程目标的确立、课程内容的选择、课程结构的组织、课程实施以及课程评价等。老年教育智能技术类课程的开发，有着数字时代的客观需要，也有着老年人的内生学习需要。找准理念，确立宗旨，对老年教育智能技术类课程开发十分有必要。

---

① 黄甫全. 现代课程与教学论（第三版）［M］. 北京：人民教育出版社，2014：184.

2. 制订课程计划

课程计划是课程设置的总体规划，是教育行政部门依据一定的教育目的和培养目标制定的有关学校教育和教学工作的指导性文件。[1]课程计划规定了课程的设置、各门课程开设的顺序、课程的学时分配、学年编制与学周安排。其中，开设哪些教学科目是课程计划的中心。

3. 研制课程标准

课程标准是根据课程计划，以纲要的形式编制的各门课程目标、课程内容范围、实施原则与方式、课程材料开发以及评价标准等方面的指导性文件。课程标准是针对各门课程单独编制的。通常来说，课程标准是教材编写和课程实施的直接依据，也是衡量各门课程教学质量的重要标准。鉴于老年教育是一种按需性质的补偿性教育，不像基础教育、高等教育或是职业教育的必需性，其课程设置的灵活性、差异性较大，故老年教育课程标准一般不做限定性要求。需要注意的是，虽然在老年教育领域并没有专门以指导性文件的形式研制课程标准，但是并不意味着不需要研制各门课程的目标、选择各门课程的内容范围。

4. 编制课程材料

编制课程材料，就是根据选定的课程内容，将课程理念与教育宗旨、课程计划和课程标准的准则，具体化到教学材料中，研制出纸质的或数字化的教材，以及辅导材料、数字资源等，并进行具体化的教学结构设计。

（二）课程实施

课程实施是指将课程设计阶段选择和确定的课程理念、教育宗

---

[1] 中公教育教师资格考试研究院. 国家教师资格考试专用教材：教育教学知识与能力［M］. 北京：世界图书出版公司，2018：64.

旨、课程目标、课程内容以及课程材料等投入实际的教学活动之中运行。在课程实施中，学习者形成学习经验，实现自身的成长与发展。课程实施需要明确几个问题：①课程学习者是什么样的人？②课程的具体目标是什么？③课程的教学时间和空间如何安排？④课程需要为学习者提供怎样的学习经验？⑤用以评价学习者表现和结果的标准是什么？对于老年教育智能技术类课程的实施，我们还需要考虑：如何发挥老年学习者在课程实施中的主观能动性？如何帮助老年学习者把课程内容内化为自身的能力与素养？

（三）课程评价

课程评价是指对课程开发过程，包括课程设计、实施及其结果进行评价，以确定课程目标是否实现，课程计划是否获得成功。事实上，课程评价是渗透于课程开发全过程。在课程设计阶段的评价，就是对课程理念、教育宗旨、课程目标、课程内容的选择和决策，以及课程资料的选择和设计进行评价，并提供即时的反馈，以尽可能完善课程设计。在课程实施阶段的评价，侧重于对教师的教学组织表现、学习者的学习活动过程及其成果、课程材料的应用及其效果进行即时评价和反馈，以尽可能完善课程实施过程。课程评价阶段的评价，就是对评价方法和工具的选择、评价实施的过程和评价的结果进行即时评价与反馈，以尽可能完善课程评价。

深度思考

老年教育是我国终身教育体系中不可分割的重要主体。但是由于老年教育在我国教育体系中处在边缘地位以及发展空间受限，从业人员的数量及质量难以满足老年学习者的学习需求，致使其动力和成效受限。快速的智能技术发展与社会变革让老年学习者充分认识到终身学习的重要性，并具有明确的学习需求，但是由于与时代性相契合的智能技术类课程相对匮乏且质量参差，使得老年学习者对终身教育参与程度不足。切实解决老年人运用智能技术遇到的困难，是数字时代积极老龄化的重点工作，也是"智慧助老"的重点目标。作为老年教育的工作者而言，开发适老化智能技术类课程，既是老年教育工作之需，也是数字时代赋予的责任。请您从理念、知识、能力等角度综合思考分析，要开发高质量的适老化智能技术类课程，老年教育课程开发者应具备哪些素质？他们面临的挑战与困难是什么？

第四节　智能技术的认识

智能技术，即人工智能技术，其种类多样，范畴较广，且在人们日常生活方方面面有着广泛应用。什么样的智能技术适合老年人学习，或者老年人需要学习哪些智能技术，是老年教育智能技术类课程开发首要考虑的问题。

一、智能技术的概念

首先，我们来看看"人工智能"这一概念。要想给人工智能下一个准确的定义，不是一件容易的事情。综观已有学者的定义，有关

"人工智能"的概念主要有两种认识：一是将人工智能视为一种模拟人类智能的机器智能。①具体功能包括感知、学习、推理、解决问题、语言互动、甚至创造性工作等。人工智能可以分为：强人工智能和弱人工智能。强人工智能是一种在几乎所有的认知任务重超越人、具有一定自主判断能力的机器智能，这种机器智能达到或完全超越人的意识水平。这种人工智能迄今为止还不存在。弱人工智能是一种在特定领域超越于人的认知能力、能够执行人所赋予的特定任务的机器智能，这种机器智能服务于人的发展。这种人工智能是人工智能的现存状态。二是将人工智能看成是一门技术科学，是研究、开发用于模拟、延伸和扩展人的智能的理论、方法、技术及应用系统的新的技术科学。具体研究方向包括机器人、语言识别、图像识别、自然语言系统、专家系统等。

其次，我们来看看"技术"这一概念。在《现代汉语词典》（第7版）中，技术是指人类在认识自然和利用自然的过程中积累起来并在生产劳动中体现出来的经验和知识，也泛指其他操作方面的技巧；技术还指技术性装备。在《牛津英汉双解词典》中，技术指的是用于特定工业领域的科学知识或设备。

由此，智能技术包括三方面涵义：第一，指研究、开发用于模拟、延伸和扩展人的智能的科学知识；第二，指模拟、延伸和扩展人的智能的设备；第三，指操作智能设备的技巧和方法。鉴于老年人学习智能技术的目的在于运用智能技术解决生活问题，提高数字能力，发展数字素养，加快融入数字生活，增强生活的幸福感和获得感，本书所指的"智能技术"指的是第二与第三方面的涵义，而且也并非指广义上的用于工业、生产、商业、医疗、军事等各个领域的智能设备

---

① 谷生然，郭燕. 人工智能主义：概念、基本理念及其理论困境［J］. 西华师范大学学报（哲学社会科学版），2023，（3）：58-65.

及其操作的技巧与方法，而是专指以服务于老年人高频常见的数字生活场景的智能设备及其操作的技巧与方法。

二、老年教育智能技术的内容

根据上文提到的国家"智慧助老"行动任务，老年人亟须掌握的智能技术包括服务居家、出行、日常消费、健康管理、休闲娱乐、社交互动、日常办事等方面的智能设备及其操作的技巧与方法。通常来说，这些智能设备有两种类型：一是通用型的智能设备，智能手机是典型代表。当前，智能手机几乎成为老年人必备的常用智能设备之一。随着智能手机日益升级完善，出行、日常消费、休闲娱乐、社交互动、日常办事等大部分服务都可以依托智能手机及其程序快速处理完成。二是专用型的智能设备。例如，银行自助办理金融业务的智能设备、医院自助办理医疗业务的智能设备、居家智能生活的智能设备、智能养老与健康监测的智能设备等。这些智能设备的操作往往与具体场景有着紧密联系。这对开放大学从事老年教育的工作者来说，要想开发适合老年人学习的智能技术类课程，事先需要对智能技术应用场景做好充分的调研。

随着智能技术在老年人生活中的不断渗透，老年人除了要学会各种智能设备的操作技巧与方法，以便利生活、融入生活外，还应该认清智能设备可能引发的伦理危机、安全危机、道德危机，学会分辨潜在的"数字陷阱"，并合规合法地使用智能设备解决生活问题，从而具有良好的数字安全与伦理意识和较好的智能技术应用能力。由此，有关智能技术的安全伦理问题也是老年教育智能技术必不可少的重要内容。

第二章

老年教育智能技术类课程的设置

> 课程设置，实质上是一组有内在联系的主题内容，根据一套预定准则而有机结合起来，其目的在于恰当地覆盖整个学习领域。[①]
>
> ——马什（Marsh，C.J.）

老年教育是面向社会上全体老年人群体的一种教育形式。老年人群是异质性很强的群体，每个老年人的文化水平、生活经历、职业背景、生存状态等都有所不同。加之当今智能时代的来临，由于人们的生活水平不断提高，老年人群的生活方式也悄然发生了变化，其对美好生活的品质追求日益强烈，进而对适应社会需求、满足自身发展的老年教育课程需求日益旺盛。老年教育课程应充分结合时代发展的新需求不断更迭，智能技术类课程不应游离于老年教育课程体系之外。近年来，作为老年教育的主阵地，各地老年大学积极尝试探索智能技术类课程的建设，如广州开放大学早在2018年就开设了"智能生活"课程、济宁老年大学在2021年开设了"智能手机应用"课程、上海静安老年大学在2022年开设了"智能应用与生活"课程等。随着智能技术不断发展及其在社会生活中的逐渐普及，如何从老年教育目标定位、对象需求等角度设置智能技术类课程，缩小老年群体与青年人之

---

① Marsh，C.J. Key Concepts for Understanding Curriculum（4th Ed.）［M］. London：Routledge，2009：36.

间的"数字鸿沟"，帮助老年群体顺利实现数字社会接入，应是智能时代老年大学课程设置亟须解决的重要问题。

第一节　老年教育智能技术类课程设置的理念

理念是人们经过长期的理性思考及实践，对一定活动形成的思想观念、精神向往、理想追求和哲学信仰等的抽象概括。在一定意义上，它是主体对于活动的一种"应然状态"的理性认识和主观要求，往往对相应的实践起到引导定向的作用。2016年，国务院发布《老年教育发展规划（2016—2020年）》，2020年，国务院发布《关于切实解决老年人运用智能技术困难实施方案》，其核心理念是"坚持以人民为中心的发展思想""以提高老年人的生命和生活质量为目的，实现老有所教、老有所学、老有所为、老有所乐"。这一理念，渗透了人们对老年教育的理想追求，代表着人们向往的"好"的老年教育的发展方向，引领着新时代老年教育的课程实践。

具体来说，这一理念可以从以下三个方面加以诠释：

一、普惠教育观

"保障权益、机会均等"是发展老年教育的基本原则之一，即要求"保障老年人受教育权利，努力让不同年龄层次、文化程度、收入水平、健康状况的老年人均有接受教育的机会"。[1]2018年修正的《中

---

① 国务院办公厅. 国务院办公厅关于印发老年教育发展规划（2016—2020年）的通知［EB/OL］.［2022-12-12］. http://www.moe.gov.cn/jyb_xxgk/moe_1777/moe_1778/201610/t20161019_285590.html.

华人民共和国老年人权益保障法》就明确规定："老年人有继续受教育的权利。国家发展老年教育，把老年教育纳入终身教育体系，鼓励社会办好各类老年学校。"这意味着每一位老年人都享有受教育的权利，老年教育的发展应惠及每一位老年人。也就是说，普惠，是老年教育发展的必然诉求。

在以信息技术为代表的高科技发展时代，老年教育的普惠教育观是增进和改善民生福祉的基本出发点。2023年，中国互联网络信息中心发布的第51次《中国互联网络发展状况统计报告》指出，截至2022年12月，中国网民规模为10.67亿，同比增加3.4%，互联网普及率达75.6%。其中，50岁及以上网民群体占比提升至30.8%，说明老年群体使用网络的机会日趋上升，但仍然还有一定差距，还有上升发展的空间与潜力。这意味着，老年教育智能技术类课程应面向全体老年群体。作为智能时代的一名数字公民，每一位老年人都应享有学习与掌握智能技术的权利。

普惠教育观蕴含着两个方面的表现：一方面，老年教育应当充分发动各方力量、均衡布局，让老年人有充分的机会接触、了解老年教育，以促使老年人群能够主动产生参与老年教育的意愿；另一方面，老年教育应当充分发展、丰富多元，从而降低老年人参与学习的难度，尽可能满足老年人群多元化的学习需求。①由此推及，老年教育智能技术类课程要想彰显普惠教育观，可以从以下三个方面着手：

（一）汇聚多方力量，开发多类型课程

推动各类老年教育机构，开发多类型智能技术类课程，如老年大学（学校）独立开设的课程、社区老年教育机构独立开设的课程、老

---

① 国卉男. 普惠：老年教育面向教育现代化2035发展的核心路径［J］. 职教论坛，2021（5）：107–116.

年大学（学校）联动社区老年教育机构共同开设的课程等。激活高等教育机构、社会组织参与老年教育的力量是我国老年教育发展的重中之重。①应依托高等教育机构的特色，为老年教育智能技术类课程提供内容供给。应鼓励社会不同组织机构向老年教育开放，为其提供智能技术类课程的相关资源，尤其是体验性资源。

（二）指向个性需求，开发多层次课程

当前，老年智能技术类课程普遍受到关注，但是多以满足基本需求的智能手机操作及其生活应用的课程为主。由于老年人的生活经验、学习经历等有所差异，其对智能技术的学习需求也各有不同。针对老年人的个性需求，开发多层次的智能技术类课程，如基础入门课程、拓展学习课程、应用探究课程、创作研究课程等，②或者基础性素质课程、发展性素质课程、创造性素质课程等，确保课程供给的丰富与适需，强化老年人的课程参与。

（三）面向各类人群，开发多样化课程

充分考虑老年人的学习习惯，开发多样化的智能技术类课程，如专业授课式课程、普及讲座式课程、体验活动式课程等，确保课程供给的均衡与普适，使任何一位老年人，不管户籍类型、性别、年龄、职业、经济能力等，都有机会选择课程进行学习，增强学习体验。

二、赋权增能观

老年人数字融入既是老年人数字化生存的前提和基础，又是个人

---

① 马丽华. 我国老年教育转型发展：理论重构与策略选择［J］. 教育发展研究，2020（17）：28-35.

② 刘燕，李惟民. 老年教育课程的层次化设计与设置［J］. 当代继续教育，2017（12）：28-34.

发展和社会参与的需要。通过老年教育的赋权增能，提升老年人数字素养，促进老年群体主动和平等地融入数字生活，共享数字社会发展成果，是智能时代积极应对人口老龄化的重要举措。赋权增能是指权利缺失的弱势群体通过运用外部资源获得改善生存环境的能力，从而实现社会适应性平衡。①赋权与增能是相互统一的一个概念体，赋权是手段，增能是目的。老年教育应成为赋权和增能的统一体。老年教育的赋权是指在法律政策中明确规定老年人的受教育权利，营造尊重老年教育权利的家庭、公众和社区社会环境，建立保障老年教育权利的教学与管理机制，提高老年人参与老年教育的积极性和主动性。可以看出，老年教育的赋权实为公平普惠的一种表现。老年教育的增能是指增强老年人的生活掌控、变化适应以及社会参与的能力，促使他们能够积极采取行动，持续改善自身的生活质量。②

老年教育的本质应是一种"补需性的按需教育、完善性的素质教育、适应性的生活教育、自我超越的生命教育"③。然而，当前老年教育课程存在着课程目标"狭窄化"、课程内容"休闲化"、课程实施"松散化"等问题，使得老年教育课程为老年人赋权增能的效果明显不足。作为助力老年人提升数字生活质量、加快融入数字社会的智能技术类课程，应以赋权增能为理念指导，保障所有老年人接受智能技术教育的权利，同时通过智能技术教育，提升老年人运用智能技术适应社会与生存环境变化的能力，提高生活质量与生命价值。在赋权增能的理念下，老年教育智能技术类课程开发可以从以下四个方面切入：

① 沈光辉，蔡亮光. 赋权增能理论视域下老年教育转型发展探究［J］. 湖北社会科学，2021（11）：142-147.

② 王英，谭琳. 赋权增能：中国老年教育的发展与反思［J］. 人口学刊，2011（1）：32-41.

③ 陆剑杰. 老年教育［M］. 南京：河海大学出版社，2018：35.

（一）确立素养发展，建立积极目标

在以往老年教育课程开发过程中，主要以老年学习者的需求性诉求为发点。这本无可非议，但一味强调满足老年学习者的学习需求，将会导致对多元化学习需求一致性指标缺乏指引，从而窄化了老年教育的课程目标，导致老年教育课程实施的现实效应与预期效果之间存在较大偏差。[①]因此，老年教育智能技术类课程目标既要满足老年学习者的需求为主，又要强化对老年人的"引领"性作用，聚焦数字时代数字素养的发展，引导老年人以积极主动的态度去适应智能技术对生活的影响，让老年人感觉到自己有能力去应对外界的变化或者解决问题，激发其潜能，提升其能力。

（二）拓宽供给途径，提供学习机会

建立线上线下一体化的数字教育模式，提供分层次、分阶段的数字教育内容，以扩大老年教育智能技术类课程的覆盖面，促进课程在区域间、城乡间的均等化自由流通，为全体老年人创造学习条件、提供学习机会，帮助老年群体尽快完成从边缘群体到核心参与者的转变。

（三）强化问题导向，增强生活适应性

针对老年人在运用智能技术方面遇到的共性问题，以及最突出、最紧迫的问题，在充分考虑老年人使用智能技术的实际生活场景与偏好的基础上，基于生命周期视角进行课程迭代开发，保证课程供需服务的可持续性和契合性，切实提高老年人运用智能技术解决生活问题的能力与水平，提升对数字生活的适应性与融入度。

---

① 马丽华. 我国老年教育转型发展：理论重构与策略选择［J］. 教育发展研究，2020（17）：28–35.

（四）鼓励参与课程开发，促进自我价值实现

老年群体，既是老年教育的对象，也应是推动老年教育的行动者。应鼓励经验丰富、敢于探索、乐于分享的老年学习者共同参与课程开发，通过同伴效应实现自我增能。关于参与本质，有"手段说"和"目的说"。传统上将参与仅仅视作是提高参与者积极性、实现管理目的和提升行动效率的一种手段；而现代人本主义则主张，参与的实质是分享，参与是个体的思想和感情都投入一种为团队目标作出贡献、分担责任的团队环境之中。[①]所以，参与本身就是目的，体现以人为本的思想，是个人自我价值的实现。让老年学习者参与课程开发，不仅赋予老年学习者作为课程开发的主体地位，而且帮助老年学习者在课程开发历程中，重构对自我与课程的认知，发展掌握自己行动以及影响周围人、事和物的权利与能力，进而达至自我赋权的高阶状态。在老年教育智能技术类课程开发中，让老年学习者担任课程开发者角色（如"主讲教师"），将自己使用智能技术的经验进行分享，不仅有助于减少其在课程学习中的"无力感"，增强其智能技术应用的满足感和自我效能感，而且还可以强化其贡献需求，实现"老有所为"的人生价值。

深度思考

在新时代，老年教育正面临着转型发展。老年教育转型发展是指老年教育积极应对人口老龄化与主动适应学习型社会要求，改变发展模式，提升发展动力的战略转型。有研究指出，老年教育转型发展体现在四个方面：一是从面向离退休老干部为主的精英型老年

---

① 黄甫全. 现代课程与教学论［M］. 北京：人民教育出版社，2011：127.

教育模式，向面向全体老年人的普惠型老年教育模式转变；二是从以城市居民老年人为主的城区型老年教育模式，向面向城乡结合的老年人的均衡型老年教育模式转变；三是从主要提供休闲娱乐型为主的老年教育模式，向开展以生活质量与生命教育为主的提升型老年教育模式转变；四是从政府包揽型老年教育模式，向以政府为主导、多元主体协同参与的联动型老年教育模式转变。①

在老年教育转型发展的背景下，为帮助老年人积极应对智能技术使用困难的挑战，提升老年人的生活质量，彰显老年人的生命价值，请您结合普惠教育观和赋权增能观，任意选择一个角色（如：政策决策者、课程开发者、课程教师）提出老年教育智能技术类课程建设的可行建议。

三、体验学习观

对于老年学习者而言，智能技术类课程的学习并非单纯的理智活动，而是感知觉、思维、情感、价值观全面参与的、全身心投入的活动。只有让老年学习者作为主体"亲身经历"（用自己的头脑、身体和心灵去模拟地、简约地经历）运用智能技术解决问题的过程，才能更有效地获取智能技术的知识，进而更好地迁移到真实的生活情境中，参与问题解决的实践过程。这意味着，老年教育智能技术类课程应强调体验学习的理念。体验学习是以学习者的直接经验为基础来建构意义的学习方式。它强调个体在与环境之间不断交互作用的过程中建构起知识的意义。有关体验学习过程的研究，最有影响的莫过于库

① 沈光辉，蔡亮光. 赋权增能理论视域下老年教育转型发展探究［J］. 湖北社会科学，2021（11）：142–147.

伯（Kolb，D.A.）的体验学习圈模型。该模型认为，体验学习的过程是由四个阶段构成的环形结构（如图2-1），包括具体体验（concrete experience）、反思观察（reflective observation）、抽象概括（abstract conceptualization）、主动检验（active experimentation）。从纵向看，"具体体验"和"抽象概括"表示经验获得的方式与经验的类别。其中，"具体体验"是指依靠真实具体的感觉来获得直接经验；"抽象概括"是指将具体体验的观察和感受，抽象出符合逻辑的概念和理论。从横向看，"反思观察"和"主动检验"表示意义建构的方式。其中，"反思观察"是指通过对个体体验的分析、自我解释和内在反思而产生意义；"主动检验"是指通过将个体的抽象概括的结果应用于相似的情境或者完全新的情境中而产生意义，目的在于检测上一阶段获得经验的合理性和适宜性。可见，体验学习是一个循环上升的过程。

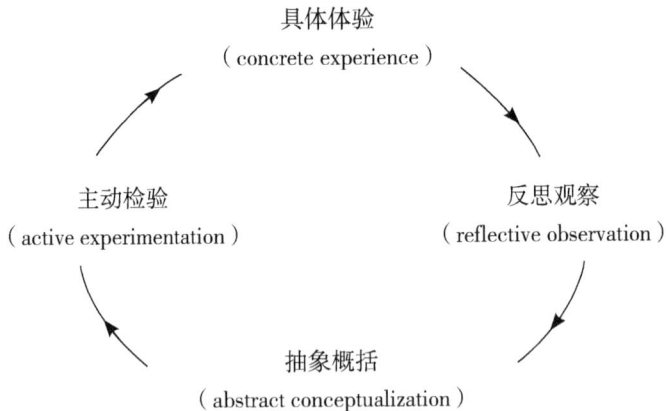

具体体验
（concrete experience）

主动检验
（active experimentation）

反思观察
（reflective observation）

抽象概括
（abstract conceptualization）

图2-1　体验学习的过程

要将体验学习理念渗透并贯穿到老年教育智能技术类课程的开发中，可以从以下两个方面考虑：

（一）突出真实场景的设计，激发学习兴趣

体验学习主张将获取的经验与应用情境相结合，促进知识的迁移。老年教育智能技术类课程应聚焦老年人出行、就医、消费、文娱、办事等高频事项，设计生活化的场景，以问题为导向，组织与编排课程内容，以激起老年学习者的好奇心和学习兴趣。

（二）强调真实任务的设计，增强课程体验感

体验学习强调学生在亲身体验的过程中建构起知识的意义，强调学习是一个由感性到理性、层层深入的过程。通过设计真实的任务，让老年学习者进行各种体验活动，从而获得智能技术使用的直接经验，消除老年人对智能技术的畏惧感，提升对智能技术的体验感。

第二节　老年教育智能技术类课程设置的定位

老年教育课程建设必须以老年人个性化与社会化需求为导向，实现满足老年人个体性需求的课程与满足老年人积极参与社会、推动社会整体发展的社会性课程平衡发展。①也就是说，在老年教育课程设置中，不仅要满足老年群体现实需求，更要适应社会发展趋势引领老年群体需求。在数字时代，面对老年人加快连接数字社会的个人现实需求和社会发展需求，老年教育智能技术类课程设置应确立起"提升数字素养""满足多层需求""助力康养结合"的目标定位。

---

① 申花. 老年教育的课程设置困境与解决策略探析［J］. 陕西开放大学学报，2022（6）：42–46.

一、提升数字素养

2021年11月，中央网络安全和信息化委员会正式发布《提升全民数字素养与技能行动纲要》（简称《纲要》），对提升全民数字素养与技能做出安排部署。《纲要》指出"数字素养与技能是数字社会公民学习工作生活应具备的数字获取、制作、使用、评价、交互、分享、创新、安全保障、伦理道德等一系列素质与能力的集合""提升全民数字素养与技能，是顺应数字时代要求，提升国民素质、促进人的全面发展的战略任务，也是弥合数字鸿沟、促进共同富裕的关键举措"。[①]《纲要》特别强调"探索线上线下融合的老年人数字技能培训模式""建设适老化全媒体课程资源""实施银龄数字科普行动"等。2021年12月，中央网络安全和信息化委员会印发《"十四五"国家信息化规划》，也指出"到2023年，全民数字技能教育教学资源体系初步形成，信息弱势群体数字素养与技能明显提升"。[②]可见，帮助老年人等信息弱势群体提升数字素养已是智能时代亟须解决的问题。将提升老年人数字素养作为老年教育智能技术类课程设置的根本出发点，对加快提高老年人数字化适应力、胜任力、创造力有着重要意义。

（一）数字素养的内涵

从国际上看，虽然数字素养被国际社会高度重视，但是世界各国和国际组织对数字素养并没有统一的界定。有的将其看做是与读写算一样的通识性素养，有的将其视为与媒介素养、计算机素养、信息素

---

① 中央网络安全和信息化委员会. 提升全民数字素养与技能行动纲要［EB/OL］.［2023-02-02］. http://www.cac.gov.cn/2021-11/05/c_1637708867754305.htm.

② 中央网络安全和信息化委员会. "十四五"国家信息化规划［EB/OL］.［2021-12-27］. http://www.cac.gov.cn/2021-12/27/c_1642205314518676.htm.

养、网络素养相关但又有着区别的专门素养。根据已有文献，有关数字素养的内涵界定主要有如下认识：

有人将数字素养视为一种媒体或数字资源的获取、使用和创造能力。如，琼斯卡瓦赖尔（Jones-Kavalier）认为"数字素养是阅读和理解文本、声音、图像等媒体资源，通过数字化处理方式再生数据和图像，以及评价和利用从数字环境中获得的新知识的能力"。[①]亚历山大（Alexander，B.）等人在分析美国新媒体联盟（New Media Consortium，简称NMC）发布的一份关于数字素养的地平线报告《数字素养：NMC地平线项目战略简报》中指出"数字素养是人们在访问或创建数字资源过程中，应该具备的了解、理解、诠释和使用数字资源的能力"。[②]由于这些界定所包含的能力是信息素养所强调的，所以，这些界定是将数字素养作为数字时代信息素养的延伸。

有人将数字素养看作是一种数字公民必备的适应数字社会的综合能力。如，伊申特阿尔卡莱（Eshet-Alkalai，Y.）认为"数字素养是个体在数字环境下进行生产、生活和学习等活动所需的技能"。[③]欧盟将数字素养定义为21世纪公民"在工作、就业、学习、休闲及社会参与中自信、批判和创新性地使用信息技术的能力"。[④]联合国教科文组织

①　Jones-Kavalier，B.R. & Flannigan，S.L.. Connecting the Digital Dots：Literacy of the 21st Century［J］. Educause Quarterly，2006（2）：8-10.

②　Alexander，B.，Adam，B.S. & Cummins，M.. Digital Literacy：An NMC Horizon Project Strategic Brief. Volume 3.3，October 2016. Austin，Texas：The New Media Consortium.

③　Eshet-Alkalai，Y.. Thinking in the Digital Era：A Revised Model for Digital Literacy［J］. Issues Informing Science and Information Technology，2012（9）：267-276.

④　Punie，Y.，Barbara Neža Brečko，Ferrari，A.. DIGCOMP：A Framework for Developing and Understanding Digital Competence in Europe［EB/OL］. ［2023-01-25］. https://www.researchgate.net/publication/282860020.

指出"数字素养是面向就业、获得体面工作及创业，使用数字技术安全且合理地访问、管理、理解、整合、呈现、评估和创建信息的能力（包括各种具体能力），这些能力就是计算机素养、信息通信技术素养、信息素养和媒介素养"。[①]可见，这些界定是将数字素养视做数字时代关乎公民的基本生活能力的一种生存技能，强调数字素养是数字公民参与未来数字社会活动、解决复杂问题、开展创造活动的综合能力，突出数字素养的综合性。

（二）数字素养的框架

作为21世纪公民核心素养之一的数字素养，不仅关乎人们的社会生活质量，而且关系到学习型社会的构建。数字素养框架的提出，为不同群体的数字素养提升提供了标准参照。综观已有文献，不同的研究者、国际组织和政府部门都纷纷提出不同的数字素养框架。

1. 研究者提出的数字素养框架

（1）数字素养要素框架

文献显示，最早提出"数字素养"概念的是以色列学者伊申特阿尔卡莱。他指出数字素养框架包括五大要素：①图片—图像素养（photo-visual literacy），指从图形界面中学习、理解和获取信息的能力；②再生产素养（reproduction literacy），指在整合已有独立的数字信息基础上，创建有意义的、真实的、创造性的作品或解释作品的能力；③分支素养（branching literacy），又称为超媒体素养（hypermedia literacy），指运用超媒体技术，以非线性的方式获取信息，建构知识的能力；④信息素养（information literacy），指用有效的方式评估信息

---

① Law, N., Woo, D., De La Torre, J., & Wong, G.. A Global Framework of Reference on Digital Literacy Skills for Indicator 4.4.2 [EB/OL]. [2023-01-25]. https://www.researchgate.net/publication/326223206.

的能力；⑤社会情感素养（socio-emotional literacy），指愿意与他人共享数据与知识，能够对信息做出评估与抽象思维，能够与他人协作建构知识的能力。[①]

（2）数字素养层级框架

马丁（Martin，A.）等人提出了数字素养层级框架（如图2-2所示）：第一层是数字化能力（digital competence），指的是一般性的能力，如：基本的视觉识别与动手技能，使用批判性、评价性与概念性方法的技能，以及态度与意识；第二层是数字化应用（digital usage），指的是在某些学科或专业领域中应用数字技术的能力；第三层是数字化转型（digital transformation），指的是利用数字技术进行创新和创造的能力，以最大化激发数字技术在学科或专业领域中的应用。[②]由图2-2可以看出，低层级的能力为高层级的能力奠定基础，高层级的能力有助于低层级能力的深化发展。

其中，数字化能力可以视为个体应对生活、工作情境中所需的关键能力。根据在特定任务或问题情境中使用数字资源或数字工具的情况，数字化能力可以被进一步划分为13个过程，具体内容如表2-1

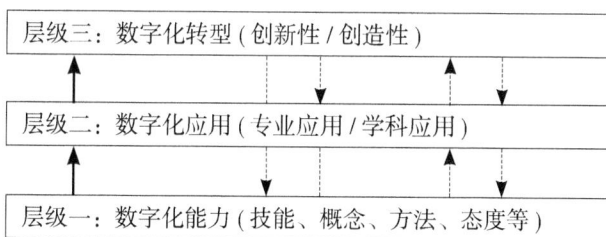

图2-2　数字素养层级框架

①　Eshet-Alkalai，Y.．Digital Literacy：A Conceptual Framework for Survival Skills in the Digital Era［EB/OL］．［2023-01-25］．https://www.researchgate.net/publication/236163722.

②　Martin，A.，Grudziecki，J.，DigEuLit：Concepts and Tools for Digital Literacy Development［J］．Innovation in Teaching and Learning in Information and Computer Sciences，2006，5（4）：249-267.

所示。

表2-1　数字化能力的过程

过程	内涵描述
声明（statement）	明确说明要解决的问题或要完成的任务以及可能采取的行动
确认（identification）	确认解决一个问题或成功完成一项任务所需要的数字资源
接入（accession）	定位与获得需要的数字资源
评价（evaluation）	评价数字资源的客观性、准确性与可靠性，以及与要解决的问题或要完成任务的相关性
解释（interpretation）	理解数字资源所传达的意义
组织（organisation）	组织和设置有助于解决问题或成功完成任务的数字资源应用方式
整合（integration）	将与问题或任务相关的数字资源整合起来
分析（analysis）	检测有助于解决问题或成功完成任务的数字资源应用模式
综合（synthesis）	以新的方式重组数字资源，以解决问题或成功完成任务
创建（creation）	创建有助于问题解决或任务完成的新的知识对象、信息单元、媒体产品或其他数字成果
交流（communication）	在解决问题或完成任务时与他人互动
宣传（dissemination）	展示问题解决方案或其他相关的成果
反思（reflection）	反思问题解决或任务完成的成功过程，反思个人作为数字文化人的发展

（3）数字素养系统框架

我国学者蒋敏娟等人基于认知逻辑，提出数字素养的系统框架，包括"五力"：①感知力，指的是具有良好的数字意识，对数字信息的价值有敏感性和洞察力，对数字技术应用秉持积极的态度，能自觉地顺应信息化浪潮，主动洞察数字技术的进步与革新，实时把握数字信息在经济社会发展和生活工作中的重要作用和潜在规律；②融通力，指的是能够通过数字技术和平台进行交流与互动，熟练操作软件和技术设备并开展团队协作，以及进行资源和知识共建共创的能力；③吸纳力，指的是善于根据问题意涵和应用目的，运用批判性思维或理性思维，在获取、整合现有信息体系的基础上，甄别判断信息真伪及可靠性，有效选择信息并处理和应用数字信息的能力；④创新力，指的是能够在理解现有数字知识体系和内容的基础上创造新知识、发现新问题、探寻新规律，并创造性地解决问题的能力；⑤发展力，指的是具有数字环境中的安全和隐私保护意识，能够合法、安全地利用数字基础设施和数据，对自身的数字素养缺陷有清晰的认知，能够在追求自身数字素养提高的基础上帮助他人发展数字素养，具备与时俱进的能力。[1]

2. 欧盟提出的《数字素养框架》

事实上，在众多数字素养框中，当属欧盟提出的《数字素养框架》影响力最大。在2011年1月至2012年12月期间，欧盟委员会联合研究中心实施了"数字素养项目"，发布了《数字素养框架》（*A Framework for Developing and Understanding Digital Competence in Europe*，简称"DigComp 1.0"），提出了5个素养域，即"信息域"（information area）、"交流域"（communication area）、"内容创作域"（content creation area）、"安全域"（safety area）和"问题解决域"（problem solving area）。各个素养域又划分为具体能力（共21项），并按照基础水平（A-Foundation）、中等水平（B-Intermediate）和高级水平（C-Advanced）三个熟练程度等级划分与描述，对于每一

---

[1] 蒋敏娟，翟云. 数字化转型背景下的公民数字素养：框架、挑战与应对方略［J］. 电子政务，2022（1）：54-65.

项能力分别从知识、技能和态度三方面进行描述，同时还对各项能力在学习和工作中的应用提供示例说明。继DigComp 1.0发布之后，欧盟根据数字技术的不断发展及其对数字公民教育的影响，持续推进数字素养框架的修订与完善。2016年6月开始，相继发布了DigComp 2.0和DigComp 2.1，直至2022年3月又发布了DigComp 2.2。可以说，此次数字素养框架的发布回应了快速发展的数字技术和不断加快的数字化进程对民众数字素养的新要求，切实反映出对公民数字素养认识的深化。与DigComp 1.0相比，DigComp 2.2有了如下新的发展。

在素养域上，将"信息域"拓展为"信息与数据素养域"（information and data literacy area），体现出大数据的发展已经深度融入人们生活、学习和工作中，突出对数据价值的重视和对数据获取、分析、解读、应用、评估能力的强调。将"交流域"拓展为"交流与协作域"（communication and collaboration area），体现出以开放协作共享为理念的数字技术发展为人们进行跨越时间与空间的广泛合作创造了良好条件，凸显利用数字化工具进行广泛交流、跨界合作的重要性。将"内容创作域"拓展为"数字内容创作域"（digital content creation area），突出内容创作方式和创作格式方面的数字化特点。DigComp 2.2各个素养域及其各项具体能力如图2-3所示。

在熟练程度上，在原先DigComp1.0的初级水平、中级水平、高级水平三种熟练程度上调整增加为初级水平、中级水平、高级水平、高度专业化水平四种，并根据布卢姆教育目标分类学进一步划分为八种等级，这不仅体现了数字技术和社会发展对公民数字素养的持续发展提出新的要求，而且有助于针对不同目标人群做出更细致、更科学、更合理的能力层次划分，增加数字素养框架的适用性。以"信息与数据素养域"中的"浏览、搜索和筛选数据、信息和数字内容"能力为例，八种等级的划分及其描述如表2-2所示。通过将能力按照熟练程度

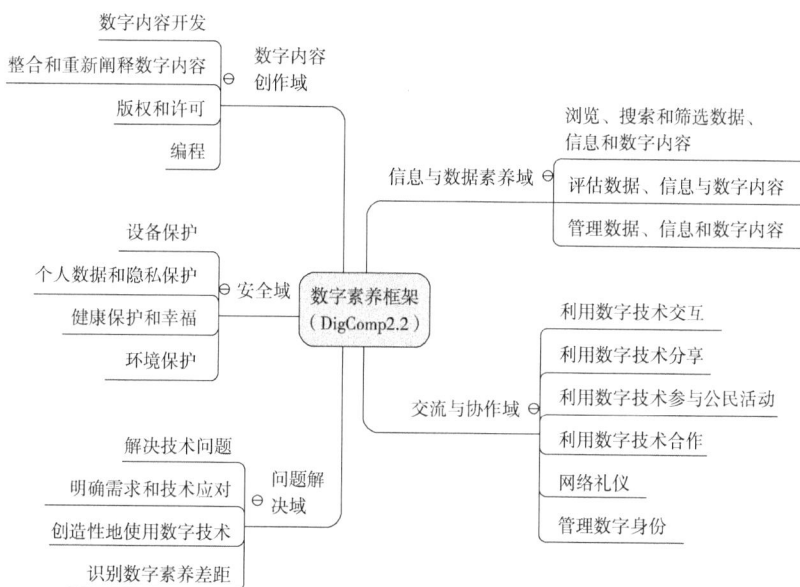

图2-3 《数字素养框架》（DigComp 2.2）的素养域与具体能力

进行等级划分，并加以详细的行为描述，有助于对不同个体的数字素养做出准确评估，并针对性做出持续发展的决策。

表2-2 "浏览、搜索和筛选数据、信息和数字内容"能力等级描述[①]

等级		等级描述	对应的教育目标
初级	1	在指导下，基于初级水平，我可以：确定我的信息需求；在数字环境中通过简单搜索查找数据、信息和内容；了解如何访问数据、信息和内容及网络迷航；确定简单的搜索策略	识记
初级	2	在必要的指导下，基于初级水平，我可以：确定我的信息需求；在数字环境中通过简单搜索查找数据、信息和内容；了解如何访问数据、信息和内容及网络迷航；确定简单的个人搜索策略	

① 郑旭东，范小雨. 欧盟公民数字胜任力研究——基于三版欧盟公民数字胜任力框架的比较分析［J］. 比较教育研究，2020（6）：26-34.

（续表）

等级		等级描述	对应的教育目标
中级	3	独立解决简单问题时，我可以：解释我的信息需求；执行明确的常规搜索以查找数字环境中的数据、信息和内容；解释如何访问它们并无网络迷航；解释明确且常用的个人搜索策略	理解
	4	根据自己的需要，独立解决明确的、非常规的问题，我可以：说明信息需求；组织数字环境中的数据、信息和内容的搜索；描述如何访问这些数据、信息和内容，以及如何在它们之间导航；组织个人搜索策略	
高级	5	在指导他人时，我可以：回应信息需要；运用搜索策略以获取数字环境中的数据、信息和内容；展示如何访问这些数据、信息和内容，不存在网络迷航；提出个人搜索策略	应用
	6	在复杂环境中按自己与他人需求，我可以：评估信息需求；调整搜索策略，在数字环境中找到最佳数据、信息和内容；解释如何访问最合适的数据、信息和内容；调整个人搜索策略	评价
高度专业化	7	基于高度专业化的水平，我可以：为浏览、搜索和筛选数据、信息和内容中相关的复杂问题创建解决方案；整合知识促进专业实践，指导他人浏览、搜索和筛选数据、信息和内容	创造
	8	基于最高的专业水平，我可以：创建问题解决方案以解决与浏览、搜索和筛选数据、信息和内容相关且由诸多因素交互形成的复杂问题；能提出新的想法方案	

3. 联合国教科文组织提出的《全球数字素养框架》

以欧盟DigComp 2.0数字素养框架为基础，联合国教科文组织根据对全球不同发展水平的国家和地区数字素养的调研结果，对DigComp 2.0数字素养框架中的素养域及其包含的内容进行了补充与完善，提出了《全球数字素养框架》，包括7个素养域和26项具体能力，如图2-4所示。

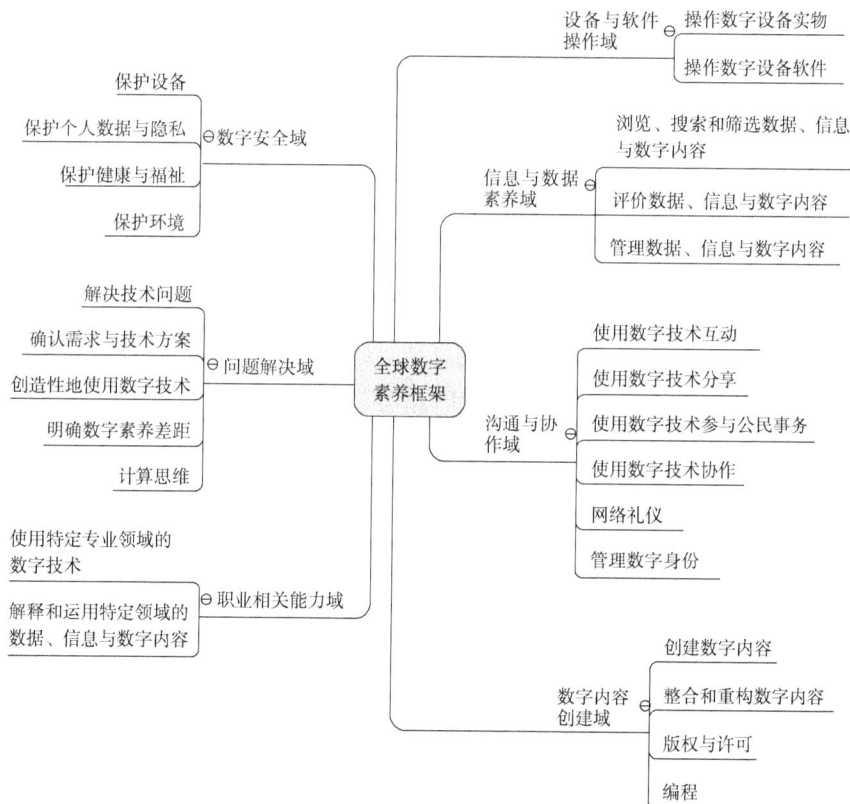

图2-4　《全球数字素养框架》的素养域与具体能力

该框架在描述素养域和具体能力时，并没有像欧盟的数字素养框架一样按照初级、中级、高级、高度专业化四个等级对每一项能力做出详细描述，而是直接使用布卢姆教育目标分类中体现不同层次的动词来区分具体能力之间的水平层次。以"设备与软件操作域"和"数字内容创建域"为例，从表2-3中可以看出，"设备与软件操作域"使用"确认"（identify）、"使用"（use）、"了解"（know）、"理解"（understand）等动词，对应布卢姆教育目标分类的"识记""应用"两个层次；"数字内容创建域"使用"理解"（understand）、

"整合"（integrate）、"开发"（develop）、"创建"（create）等动词，对应布卢姆教育目标分类的"理解""应用""创造"三个层次。这意味着，对于不同素养域或者具体能力，个体需要达到的水平不尽相同。与"设备与软件操作域"相比，"数字内容创建域"对个体的要求要更高。

表2-3 "设备与软件操作域"和"数字内容创建域"的具体能力描述

素养域与能力	描述
0. 设备与软件操作域	
0.1 操作数字设备实物	确认和使用硬件工具与技术的功能与特性
0.2 操作数字设备软件	了解和理解操作软件工具与技术所需的数据、信息和（或）数字内容
3. 数字内容创建域	
3.1 开发数字内容	创建和编辑不同形式的数字内容，使用数字手段表达自己的想法
3.2 整合与重构数字内容	修改、精炼、改进信息与内容并将其与现有的知识体系相整合，以创建新的、原创的、相关的内容和知识
3.3 版权与许可	理解版权与许可应用于数据、信息和数字内容的方式
3.4 编程	规划和创建一系列计算系统可理解的指令，以解决问题或完成任务

（三）老年人数字素养的要求

目前，虽然学界没有专门针对老年人的数字素养框架，但是提升老年人数字素养、帮助老年人跨越"数字鸿沟"的问题引起了社会关注。

深度思考

请您利用互联网查找上述介绍的数字素养框架，详细了解各个数字素养框架中的详细内容。结合老年群体面临的"数字鸿沟"问题，请您思考：

（1）老年群体数字素养应该体现在哪些方面？

（2）是否有必要研制老年群体数字素养框架？

（3）研制老年群体数字素养框架有什么意义？

1. 欧洲的先行实践

早在2014年起，欧洲各国就开始启动老年人数字素养项目，如芬兰的Senior Surf、希腊的Senior Go Digital、土耳其的Ageing Together、德国的Digital Angel、英国的Digital Skills for People Living in the 3rd Age等，有些项目一直持续到现在。有研究分析指出，欧洲老年人数字素养项目的内容大体涉及四个方面[①]：①基础技能的内容，主要让老年人掌握常用数字设备的主要功能和基本操作，并对互联网环境形成初步认知，帮助老年人快速适应数字社会；②场景化技术应用的内容，主要聚焦社交通信、数字交易、医疗健康和信息管理等高频数字化应用场景，让老年人熟练运用数字技术独立解决日常生活问题，助力老年人改善生活质量；③数字创作的内容，主要结合老年人自身发展和兴趣需要，让老年人掌握利用特定的数字技术创作数字内容，丰富老年人的数字生活；④网络安全的内容，主要让老年人掌握网络安全、个人信息和数据隐私等内容，提高老年人的网络安全

---

① 刘晓娟，谢瑞婷. 欧洲老年人数字素养项目的实践经验与启示 [J]. 图书情报知识，2023（3）：1—14.

意识。

2020年，欧盟将提升老年人数字素养和技能提上政策议程，发布了《老年人在数字化时代的人权、参与和福祉》，指出"要通过目标群体特定的终身学习计划发展老年人数字技能，包括安全和负责任地使用数字技术""根据老年人日常生活情境，如购物、与家人或朋友沟通等，支持和赋能老年人发展数字技能""通过提供安全可靠的电子商务途径和增强老年人作为电子商务消费者的权利意识，进一步提高老年人利用数字技术参与商务交易的能力"。[①]

2. 本书作者的初步探索

2021年11月，中共中央国务院发布《中共中央国务院关于加强新时代老龄工作的意见》，重点提出"实施'智慧助老'行动，加强数字技能教育和培训，提升老年人数字素养"[②]。

在公民数字素养能力的基础上，考虑到老年人的需求，本书作者借鉴奥尔德弗（Alderfer，C.）的ERG理论，提出了"三阶六维"老年人数字素养框架（如表2-4所示），"三阶"即老年人的三大需求层次，包括生存需求、关系需求和发展需求；"六维"即老年人的数字素养维度，不同的需求层次涵盖不同的数字素养维度。该框架既符合当下公民数字素养的基本要求，也体现了老年人数字素养的层次需求，可以为老年教育智能技术类课程设置以及内容研制提供依据。

---

① European Commission. Human Rights，Participation and Well-being of Older Persons in the Era of Digitalisation Council Conclusions［EB/OL］.［2023-01-19］. https://data.consilium.europa.eu/doc/document/ST-11717-2020-REV-2/en/pdf.

② 国务院. 中共中央国务院关于加强新时代老龄工作的意见［EB/OL］.［2023-02-12］. https://www.gov.cn/gongbao/content/2021/content_5659511.htm.

表2-4 "三阶六维"老年人数字素养框架

需求层次	素养维度	描述
一阶：生存需求	设备与软件操作	了解和掌握常用的数字设备和软件的功能、特性以及操作步骤
	信息与数据素养	根据需求，访问、浏览和搜索网络信息、数据和数字内容；对网络信息、数据和数字内容做出批判性评估、选择和使用
一阶：生存需求	安全与伦理素养[①]	知道数字设备使用的好处和风险；知道网络信息、数据和数字内容的使用和传播受法律约束；创建、采用和管理一个或多个数字身份，能维护个人的数字信誉；具备个人数据和隐私保护的意识；了解和掌握保护数字设备、数字内容和个人数据安全的方法；具备数字内容版权与许可的意识
	数字场景应用素养	了解在各种生活场景中常用的App；知道出行、就医、消费、文娱、办事等高频的生活场景中App提供的服务；能根据生活需要，选择合适的App解决问题
二阶：关系需求	交流沟通素养	知道通过数字化通信工具进行交流的恰当方式；根据需要，有针对性地选择各种数字化交流策略；愿意并且能够分享信息与内容；通过数字化手段参与社会生活，积极主动与他人建立和维持良好的人际关系
三阶：发展需求	数字内容创作素养	积极参与数字内容创作；在数字化环境中寻求发展与提升自我能力的机会

二、满足多层需求

现有的老年教育课程多以模块化为主，以满足老年学习者多样的

---

① 事实上，安全与伦理素养贯穿于生存、关系和发展三个需求层次，且也是呈逐级递进的趋势。生存需求层次的安全与伦理素养，侧重对个人数字设备、隐私和数据安全的保护以及网络信息合法使用；关系需求层次的安全与伦理素养，侧重数字内容的合法传播和数字身份的管理；发展需求层次的安全与伦理素养，侧重数字内容创造的原创性以及版权保护意识。在本书中，将安全与伦理素养放在生存需求层次，以表现该素养发展的基础性与重要性。

休闲娱乐性需求，使得课程之间缺乏横向与纵向的有效连接，导致课程实施较为松散，课程有效性无法得到有效保证。老年教育课程不是零星课程的散装式组合，而是个有规律性的课程体系（系统），[①]老年教育课程设置既要体现横向上的多元性，又要体现纵向上的层次性，由此才能加强课程之间的紧密连接度。因此，需要重视老年人的多层学习需求，并以此为依据构建老年教育智能技术类课程。

（一）需求理论

文献显示，关于需求理论主要有马斯洛的需求层次理论、奥尔德弗的ERG理论、麦克拉斯基（McClusky，H.）的需求幅度理论。

1. 需求层次理论

马斯洛认为，人的行为是由动机引起的，动机起源于人的需求，而人的需求是以层次的形式出现的。据此，他将人类需求分为生理需求、安全需求、社交需求、尊重需求和自我实现需求五类，而且这些需求如同阶梯一样按层次逐级递升。一个人只有在下一层次需求获得满足之后，才会去寻求上一层次需求的满足。

生理需求是个人维持自身生存的最基本要求，包括衣、食、住、行等方面的需求。安全需求是个人要求保障自身安全、保持身体健康、保护财产安全等方面的需要。社交需求也称为归属与爱的需求，是个人渴望得到家庭、团体、朋友、同事或者某一群体的关怀、爱护和理解，渴望保持融洽的关系，是对友情、信任、爱情的需求。尊重需求是个人希望自己有稳定的社会地位，渴望自己的能力和成就得到他人与社会的认可。自我实现需求是人们希望发挥个人的潜力和才能，完成与自己的能力相称的事情，实现个人理想和抱负，体现生命

---

① 叶忠海. 中国老年教育发展的若干基本问题［J］. 河北师范大学学报（教育科学版），2017（9）：47—50.

价值。其中，生理需求和安全需求归为物质性需求，属于较低等级的需求；社交需求和尊重需求归为社会性需求，属于中等等级的需求；而自我实现需求则归为精神性需求，属于较高等级的需求。

2. ERG理论

奥尔德弗在马斯洛的需求层次理论基础上，提出了一种更为接近实际经验的需求理论。他认为，人们共存在三种核心需求，包括生存需求、关系需求和发展需求。因而这一理论被称为ERG理论。

生存需求是指育人的基本生存相关的需求，包含了马斯洛理论中的前两个层次：生理需求和安全需求。关系需求是指人的交往和社交等需求，包含了马斯洛理论中的社交需求和部分尊重需求。发展需求是指个人追求发展以及完善自身的需求，相当于马斯洛理论中一部分尊重需求以及自我实现需求。

奥尔德弗指出三个层次需求之间有着一定的相互关系：①人同一时间内可能存在不止一种需求；②当一种层次的需求得到部分满足，会引发人们对这一层次在质和量上更多的需求；③当一种层次的需求得到充分满足时，会引发人们对更高层次需求的强烈追求；④如果较高层次需求得不到满足，那么人们对较低层次需求的渴望会变得更加强烈。因此，尽管奥尔德弗将人的需求分为三个层次，但是它们之间的层次关系并非严格固定，而是可能具有并存性。

3. 需求幅度理论

"老年教育之父"麦克拉斯基最早将需求层次理论运用到老年教育领域，提出需求幅度理论。该理论指出老年人的学习需求有五种：应对需求、表达需求、贡献需求、影响需求和自我超越需求。

应对需求是指能够满足个体应对基本生活的需求，包括生理、社会互动以及日常生活所需的技能等。表达需求是指个体满足自己的兴趣爱好、为了从活动中获得内在满足感的需求。贡献需求是指个体希望帮助他人、服务他人，对社会有所贡献，从而实现自我价值的需求。影响需求是指个体希望通过自己的行为影响周边的环境，对外界产生影响，从而使社会发生有意义改变的需求。自我超越需求是指个体获得对生命意义更深层次了解的需求。

（二）基于需求理论的老年教育智能技术类课程设置

需求理论为老年教育课程设置提供了思路，不少研究者运用需求理论探讨老年教育课程设置。例如，有研究者依据麦克拉斯基的需求幅度理论提出与需求层次相适应的四种老年教育课程：适应退休的角色转换型课程、寻求就业的工作技能型课程、提供服务的社会贡献型课程和感悟生命的人生超越型课程。[①]有研究者依据奥尔德弗的ERG理论指出老年教育课程开发应包括三种类型：生活品质型课程，满足老年人追求生命质量的需求；人际交往型课程，满足老年人追求人际交往的需求；社会参与型课程，满足老年人服务社会，追求自我实现的需求。[②]

智能技术的发展日新月异，老年人虽然对智能技术的学习有着强烈的需求，但是由于个人的经验、兴趣、能力等方面因素的影响，老年人对智能技术的学习需求是有层次差异的。从需求理论出发，探索老年教育智能技术类课程设置有着必要性和可行性。本书作者在借鉴奥尔德弗的ERG理论上，提出了"三阶六维"老年人数字素养框架，并据此提出了老年教育智能技术类阶梯课程设置（如表2-5所示）。阶梯课程是根据客观需求，按照学习者发展的动态水平层次，把课程按难度高低分解后由简单到复杂、从低级到高级地排列成一道波浪式上

---

① 林列英. 基于需求分类理论的老年教育课程体系建设研究 [J]. 宁波开放大学学报, 2023（6）: 35-39.

② 陈文娇，刘巧巧，肖杨. 基于当代老年人学习需求的社区老年教育课程开发 [J]. 成人教育, 2021（7）: 35-40.

升的阶梯，从而促进学习者一步一步地发展。

一阶课程主要满足老年人的生存需求，涉及智能设备的操作、智能软件的使用、数字安全与伦理以及数字化生活场景的应对等方面的课程。二阶课程主要满足老年人的人际交往需求，涉及数字通信工具使用的课程。有研究发现，人类大脑中的部分功能会随着年龄的增长而有所改善，改善功能中的许多部分都与创新和创造性的核心元素有关。此外，老年人拥有丰富的生活经历与工作经验，年龄的增长使得他们更易触类旁通，洞察力更加深刻，这些都是老年人在创造力方面具有的独特优势。[①]如果能借助智能技术的支持，帮助老年人在日常生活中发挥创新优势，进行创造性活动，将老年人长期积累的知识与经验创造性地发挥出来，为社会增加效益的同时，也丰富了老年人的精神生活。三阶课程主要满足老年人自我追求和发展的需求，涉及数字内容创作工具使用的课程，包括数字摄像、数字图片、数字视频。同时，还包括生成式人工智能新产品（如ChatGPT）的使用，满足少数对智能技术有着强烈兴趣，且愿意探索创新的老年人的自我发展需求。目前，这三阶课程已在广州老年开放大学逐步开设，并面向广大老年人推广应用。

表2-5　老年教育智能技术类阶梯课程设置

需求层次	素养维度	课程
一阶：生存需求	设备与软件操作	□ 学会用智能手机 □ 常见App的使用 □ 个人网络安全管理 □ 银发潮人的智慧生活 □ 人工智能知多少
	信息与数据素养	
	安全与伦理素养	
	数字场景应用素养	

---

① 张晶晶，沈杰. 设计介入开发老年人创造力探究［J］. 设计，2017（9）：58-59.

（续表）

需求层次	素养维度	课程
二阶：关系需求	交流沟通素养	☐ 轻松用微信 ☐ 轻松上网课
三阶：发展需求	数字内容创作素养	☐ 美篇制作 ☐ 短视频创作 ☐ 图片美化处理 ☐ 人人爱摄影 ☐ 智能写作

应用迁移

"银发潮人的智慧生活"课程通过展示智慧生活的十大场景，以轻松愉快的情景式小剧场的形式揭秘各种智能家居产品的应用，使老年人感受到智慧生活离自己不再遥远，帮助老年人克服对数字世界的恐惧，增强老年人对智能技术学习的兴趣和渴望，满足老年人基本生活需求。下面呈现课程中的部分智慧生活场景：

智慧陪伴场景：王姨今年刚退休，原来每天在单位唠嗑的热闹和现在居家的冷清形成了强烈的对比，这让她觉得非常不习惯。这天，老伴李叔下班回到家，听到家里传来王姨跟另一个人的对话声。李叔一推门，王姨就开心地招呼他过去看一个新鲜玩意儿。原来，跟王姨唠嗑的，是一个带屏幕的智能音箱。王姨把李叔叫到智能音箱前，对着音箱说了一句："播放邓丽君的《但愿人长久》。"不到3秒，音箱就开始自动播放这首李叔最喜欢的歌曲。

智能遥控场景：炎炎夏日，两口子从外面回到家。李叔一开门，一阵凉爽的风扑面而来，整个人感觉舒服多了。此时李叔眉头一皱，脱口而出："你今天出门忘关空调啦？这得耗多少电啊！"王姨狡黠一笑："我是回家前半个小时把空调打开的，这样，回家就可以舒舒服服地感受凉爽了。"说完拿出手机显摆了一下说："打开这个手机应用，可以远程控制空调，调节温度、风量。家里很多电器都可以远程遥控呢！"

智能穿戴场景：昨天，李叔收到了一份来自王姨的很特别的礼物，一块电子表。早上，王姨拿出智能手机，开始念叨："老李，你昨天血压倒是蛮正常的，心率也还算正常，就是坐的时间太长，步行锻炼的时间太少啦！一整天，才走了一千多步。"李叔正纳闷，怎么连自己走了多少步老伴都知道啊！"我在你身上安插了一个眼线呢！"王姨哈哈大笑，指了指李叔手腕上的电子表说，"这个智能手表不仅可以看时间、看天气、提醒电话、微信信息等，还可以监测你的身体状况。"李叔觉得，智慧生活除了满满的科技感，还有这么多人性化的关怀，让人感动。

请您选择出行、就医、消费、文娱、办事中的一个场景，尝试从智能技术应用的角度描述场景。

三、助力康养结合

随着我国人口老龄化进程的不断加快，养老问题逐步成为社会的焦点问题。面对不断攀升的养老需求，如何提升老年群体的晚年生活质量和身体健康水平、保持老年群体健康的心理状态，是新时代中国式养老必须回答好的现实问题。2021年10月，习近平总书记在全国老龄工作会议对老龄工作作出重要指示，贯彻落实积极应对人口老龄化国家战略，把积极老龄观、健康老龄化理念融入经济社会发展全过程。① 2022年2月，国家卫生健康委等15部门联合印发《"十四五"健

---

① 习近平对老龄工作作出重要指示. ［EB/OL］. http://www.cppcc.gov.cn/zxww/2021/10/14/ARTI1634171595663103.shtml.

康老龄化规划》，提出："到2025年，老年健康服务资源配置更加合理，综合连续、覆盖城乡的老年健康服务体系基本建立，老年健康保障制度更加健全，老年人健康生活的社会环境更加友善，老年人健康需求得到更好满足，老年人健康水平不断提升，健康预期寿命不断延长。"这意味着健康老龄化是新时代老年教育高质量发展的主旋律，健康养老作为新的养老概念应运而生。健康不仅是指一种平衡或和谐的状态，更是老年人自身所拥有的各种机制和能力；健康不仅是指生理层面没有疾病的表现，更是心理层面和社会层面的完美状态。

大数据、物联网、AR/VR、人工智能等新一代信息技术的勃兴，为老年人创建健康生活环境提供了强大的技术支撑，兴起了"智慧健康养老"。智慧健康养老利用物联网、云计算、大数据、智能硬件等新一代信息技术产品，能够实现个人、家庭、社区、机构与健康养老资源的有效对接和优化配置，推动健康养老服务智慧化升级，提升健康养老服务质量效率水平。老年教育智能技术类课程设置以助力老年人健康养老为目标，可为老年人适应数字时代的健康生活方式和丰富养老生活的基本内容架起"技术桥梁"。

（一）健康养老的概念

目前，关于健康养老的概念众说纷纭，没有形成统一的界定。代表性的观点主要有以下几点：

有人从生命周期的视角出发，将健康养老定义为结合老年人健康和养老的多方面需求，整合健康养老服务多元的供给机制行为体，共同为老年人提供预防、医疗、护理、临终关怀等服务，使得老年人能够继续健康、安全地参与社会生活，实现自身价值的最大化，进而提升老年生活质量的养老新模式。[1]

有人从健康的视角出发，认为健康养老就是把健康理念融合到养老模式中，老年人通过社会参与来实现自身的价值，拥有幸福、满足及成就感，如协助老年人实现自主性、满足自己基本需求、建立人际关系等，使老年人体验健康而丰富的老年生活。[2]

有人从供需的视角出发，指出健康养老是给老年人提供身体方面或者心理、精神方面的养老服务的所有经济活动和人文活动关系的总和。[3]

（二）智能技术类课程赋能健康养老

由上述健康养老的概念可见，老年人心理和精神层面的充盈富足，是健康养老的最高目标追求，也是老年人高质量生活的重要体现。通过开展文化学习活动，不仅可以丰富老年人的精神生活、提供精神慰藉，还可以帮助老年人提升自己对社会的理解与认识，重塑自我价值的观念，自我赋能、增强能量。老年人参与智能技术类课程学习，是数字时代一种新的文化学习活动。智能技术类课程可以为健康养老带来如下几个方面的赋能：

1. 在课程内容上，开创智慧健康养老服务内容

从内容上看，老年教育智能技术类课程以老年人数字素养为导向，从老年人的生存需要、关系需要和发展需要的层面提供有关智能技术操作、生活应用以及数字创作等方面的课程，让每一个老年人都

---

① 邹新艳. 健康养老服务多元供给机制互动研究［D］. 成都：四川大学，2020.

② 王晶晶，吕晖，任文杰. 健康老龄化理念下的养老服务体系研究进展［J］. 职业与健康，2021（17）：2439-2443.

③ 张博，韩俊江. "互联网+"下智慧健康养老服务研究［J］. 宏观经济管理，2018（12）：40-44.

能找到适合自己需求、满足自己兴趣、有助自己发展的课程，支持老年人过一种有尊严、有品位、有追求的养老生活。随着智慧健康养老概念的兴起，智能健康养老服务产品日益涌现市场，为打造老年宜居环境，提高健康生活质量提供新的生机。老年教育智能技术类课程亟须面向智能健康养老服务产品的生活化使用开设相应课程，增进老年人对智慧健康养老的认识，提高老年人对智能健康养老服务产品的应用能力。

拓展阅读

　　2017年2月，工业和信息化部、民政部、国家卫生计生委三部门印发《智慧健康养老产业发展行动计划（2017—2020年）》的通知，指出"充分发挥信息技术对智慧健康养老产业的提质增效支撑作用，丰富产品供给，创新服务模式"，"满足家庭和个人多层次、多样化的健康养老服务需求"。[①]"推动关键技术产品研发"是重点任务之一。其中，包括针对家庭、社区、机构等不同应用环境，发展健康管理类可穿戴设备、便携式健康监测设备、自助式健康检测设备、智能养老监护设备、家庭服务机器人等智能健康养老服务产品的供给。

　　● 健康管理类可穿戴设备。重点发展健康手环、健康腕表、可穿戴监护设备等，对血压、血糖、血氧、心电等生理参数和健康状态信息进行实时、连续监测，实现在线即时管理和预警。

　　● 便携式健康检测设备。重点发展用于家庭、家庭医生、社区

---

　　① 三部委关于印发《智慧健康养老产业发展行动计划（2017—2020年）》的通知［EB/OL］．［2023-03-09］．https://www.gov.cn/xinwen/2017-02/20/content_5169385.htm.

医疗机构的集成式、分立式智能健康监测应用工具包，便于个人、医护人员和机构在家庭和移动场景中实时监测各项生理指标，并能借助在线管理系统实现远程健康管理等功能。

● 自助式健康检测设备。重点发展用于社区机构、公共场所的自助式智能健康检测设备，便于用户在不同社区、机构中随时、随地、自助地完成基础健康状态检测，提升用户自我健康管理的能力水平。

● 智能养老监护设备。重点发展用于家庭养老及机构养老的智能轮椅、监护床等智能监测、康复、看护设备，开发预防老年痴呆症患者走失的高精度室内外定位终端，实现自主自助的养老功能，提高用户自主养老、自主管理的能力，提升社会和家庭养老资源的使用效率。

● 家庭服务机器人。重点发展满足个人和家庭家居作业、情感陪护、娱乐休闲、残障辅助、安防监控等需求的智能服务型机器人，提供轻松愉快、舒适便利、健康安全的现代家庭生活，提供老年人生活质量。

2. 在课程形式上，突出智能技术生活化方法的学习

从形式上看，与过往以文娱体育等休闲文化为主的课程不同，智能技术类课程不仅需要面向老年人"授之以鱼"，更要"授之以渔"，使老年人通过智能技术类课程的学习不仅掌握智能技术的操作，更懂得智能技术的灵活应用，从而重新获得有关生活的新认知和体悟有关生命的新意义，重塑自己的银发人生价值。

3. 在课程实践上，重视智能技术生活化场景的体验

从实践上看，在加快建设完善适老化数字环境的同时，根据老年人学习特点设置智能技术类课程，引导老年人结合日常生活场景合理

使用智能设备和工具，提高老年人自身的数字素养，促进老年群体形成改善身心健康水平、保持社会适应能力、实现个人全面发展以及提高晚年幸福度的养老新模式。

第三章

老年教育智能技术类课程开发的原则

离娄之明，公输子之巧，不以规矩，不能成方圆。[①]

——孟子

老年教育智能技术类课程的对象为老年人群体，作为一类特殊的学习者，课程建设需要遵循特定的原则。要实现课程适老性，课程开发人员需要从"遵循老年人的心理发展""适用老年人的生活场景""关照老年人的学习需求""化解老年人的技术学习困难"四个原则出发进行智能技术类课程开发，切实助力老年人提升数字素养，融入智能社会，享受智能生活。

第一节 遵循老年人的心理发展

在发展心理学研究中，存在着两种不同的老年心理变化观：一是老化观，即认为人的心理发展是单向的、不可逆转的，当进入老年期时，人的心理认知将随着年龄增长而衰退。二是发展观，即认为人

---

① 《孟子·离娄上》。

的一生都在发展，发展不仅仅限于儿童和青少年，中年、老年也在发展，且发展总是由成长和衰退的结合组成，成长和衰退的速度不是固定不变的，而是变化发展的。早有发展心理学研究的相关事实表明，人到老年，虽然某些心理功能（如感觉等）有所减退，但是另一些复杂的功能（如抽象逻辑思维等）非但不减退甚至还继续增强。①老年教育智能技术类课程开发既要顺应老年心理变化的老化观，又要遵循老年心理变化的发展观。

一、遵循老年人的认知特征

认知发展是指个体在对环境的适应中，认知过程、认知思维品质等随年龄的增长而发展的过程。具体包括对事物的感知、面对问题情境时的思维方式、能力表现、注意、记忆、语言等方面的发展。老年人的认知发展相较于中青年人表现出极大的差异性，首要表现在认知发展速率上：中年期时有所减弱但较为平稳，老年期时则明显下滑。②

（一）老年人的感知觉变化

感知觉是人类各种高级复杂心理活动的基础。感知觉能力依赖于人体感觉器官的生理结构。随着年龄的增长，人体感觉器官的生理结构会发生退行性变化，与此相对应的是，人的感知觉能力也要发生改变。研究表明，在老年人各种心理变化中，感知觉变化不仅是比较早出现的，而且是最为明显的。

在视觉方面，老年人的视敏度、明暗感受性、颜色辨别力、视觉信息加工速度等出现不同程度的减弱。其中，在颜色辨别力上，老年人对蓝色、绿色等颜色的辨别力减退得尤为明显，对红色、黄色等减

① 林崇德. 发展心理学［M］. 北京：人民教育出版社，2005：480.
② 赵艳杰. 发展心理学［M］. 沈阳：辽宁大学出版社，2008：337-342.

退要慢些。

在听觉方面，老年人的听觉频率有所下降，尤其对高频率音调的感知能力下降最为明显，对低频率音调的感知能力降低则不明显。而且，老年人对各种声音的辨别阈限明显增高，说明要感知到同样的音响，老年人比年轻人需要更高的声音强度。正因为老年人对音调、音响等感知能力下降，所以他们听觉选择性注意水平也会呈下降趋势，进而直接影响到他们对言语的知觉和理解能力。

在触觉方面，老年人皮肤的触觉阈限增大，即皮肤对触觉刺激产生最小感觉所需要的刺激强度增大，说明老年人随着年龄的增长，其触觉敏感度逐渐减弱。

（二）老年人的记忆变化

记忆是指先前的刺激不复存在时所保持的有关刺激、事件、意象、观念等信息的心理机能，是个体对其经验的识记、保持、回忆或再认的过程。学习者总是带着一些适当的记忆结构开始一项新的任务，这些结构可被提取出来作为新的学习加工的一部分。根据记忆保持时间的长短，心理学家将记忆分为短时记忆和长时记忆。短时记忆是对刚刚过去（几分钟或者几秒钟）的事件和项目的临时存储。短时记忆是暂时的，除非采用一定的记忆策略将输入的信息进行编码，以便与长时记忆中已经存储的信息发生有意义的连接，否则记忆在一段短暂的时间内就会消失。长时记忆是指信息经过充分的、有一定深度的精细加工后，在头脑中长时间保留下来的一种永久性存储。长时记忆又可以分为情节记忆、语义记忆和程序记忆。情节记忆是指人们根据时空关系对某个事件的记忆，这种记忆通常与个人的经验是分不开的。语义记忆是指人们对概念、公式、规律、准则等一般知识的记忆，这种记忆独立于个人的经验。对于这几种类型的记忆，老年人有着不同程度的衰退变化。程序记忆是指人们对如何做事情的记忆，包括对知觉技能、认知技能、运动技能的记忆，这种记忆实为一种惯性记忆。

短时记忆在正常老化（即没有痴呆或其他的脑部疾病，并且能够独立生活）的过程中稍有下降，在执行复杂任务的情况下，短时记忆下降才比较明显。[①]长时记忆中的情节记忆在正常老化的过程中会经历重大的下降，如似曾相识却难以认出、记起，对过去熟悉的人、文字等信息再认困难等情况在老年人中屡见不鲜。但是，长时记忆中的语义记忆仍能保持较高水平，甚至显示出增进。[②]长时记忆中的程序记忆也保持得相当完好，只不过是由于老年人在触觉敏感度以及肌肉运动操作中存在退行问题，所以在执行记忆动作的速度上可能变得较为迟缓或笨拙。

与记忆相对的遗忘现象对老年人而言是不可忽视的。老年人的遗忘主要表现为近事遗忘，也就是说，对于新接触的事物或是新学习的知识，特别是没有特殊定义、难以引起联想的知识，老年人会遗忘得特别快。[③]威尔福特教授（Forte，W.）在对老年人认知行为的研究中，得出这样的结论：老年人很难将短时产生的记忆保存为永久性记忆，导致老年人总是会遗忘近期发生的事情。因此，对于接受新事物和学习一些科技产品，老年人往往需要花费更长的时间去理解和适应。[④]在设计与开发智能技术类课程时，可以考虑重复策略，即从不同

① 肖健，胡军生，高云鹏. 老年心理学［M］. 北京：北京大学出版社，2013：83.

② 肖健，胡军生，高云鹏. 老年心理学［M］. 北京：北京大学出版社，2013：83.

③ 张志杰. 王铭维. 老年心理学［M］. 重庆：西南师范大学出版社，2015：63-64.

④ 韩保鑫. 基于用户体验的老年人冰箱设计研究［D］. 青岛：青岛大学，2021.

途径对同一知识内容进行反复讲解，或创设不同场景对同一知识内容进行反复操练，强化老年人的长时记忆。

（三）老年人的注意与言语变化

在注意方面，老年人的持续注意仍保持得相当完好。一项对老年人课程学习情况的调查显示，老年人能做到专心听课30～60分钟的占被调查全体老年人的32.7%，能做到专心听课60分钟以上的占62.1%。[①]但是，在选择性注意和注意分配上则表现出一定的变化。选择性注意是指在有其他分心刺激的情况下，仍能集中注意手头的任务的能力。注意分配指的是同时注意和加工多于一个信息源的能力。研究表明，由于老年人的听觉感知和大脑额叶功能存在障碍，因此，老年人忽略干扰或无关信息的能力下降，尤其以65岁以上老年人最为明显。从本质上说，老年人逐渐失去控制注意过程所需的精度和速度。[②]这意味着，老年人智能技术类课程在呈现上需要注意知识容量、知识表达方式等问题。

在言语方面，老年人的视觉、听觉、手指关节、肌肉等方面的衰退，对其言语技能造成了一定阻碍。如大部分老年人的视敏度降低，意味着他们需要更大的字号、更大的声音或者借助设备（老花镜、助听器等）对言语信息进行感知与加工。此外，环境的喧嚣、讲话者的语速过快、内容的乏味等，也会对老年人的言语理解能力产生显著影响。[③]

---

① 张百生．邹丽伟．刘金蕾．城市社区老年人学习心理特点调查研究——以济南市社区老年人为例［J］．山东广播电视大学学报，2017（4）：18-22.

② 肖健，胡军生，高云鹏．老年心理学［M］．北京：北京大学出版社，2013：56.

③ Schneider, B.A.. Psychoacoustics and Aging: Implications for Everyday Listening［J］. Journal of Speech Language Pathology and Audiology, 1997, 21: 111-124.

要保持老年人对新技术学习的热情，除了在知识信息的传递上要考虑老年人的认知需求，还应提高知识内容的有趣性，让老年人以轻松愉快的方式获取知识。

（四）老年人的智力变化

智力是人的内部心理特质。不同研究者对智力有着不同划分，如斯滕伯格（Sternberg, R.）提出智力的三元结构理论。他认为，一个人的智力与他所处的外在世界、内心世界以及个人经验之间有着紧密联系。他将智力分为成分智力（componential intelligence）、经验智力（experiential intelligence）和情境智力（contextual intelligence）。成分智力是指个体在问题情境中能够运用所储备的知识分析资料，通过思维、判断、推理来解决问题的能力。经验智力是指个体能够运用已有经验解决新问题，同时又能够将其与其他不同的观念行为相整合使之成为新的经验。情境智力是指个体在日常生活中能够运用所学的知识去解决实际问题的能力。又如卡特尔（Cattell, R.B.）将智力划分为流体智力（fluid intelligence）和晶体智力（crystallized intelligence）。流体智力是一种以生理为基础，具备的逻辑思维能力和解决新颖问题的能力。这种智力是与生俱来的，与年龄有着密切关系，一般人在20岁之后，流体智力的发展达到顶峰，30岁以后随着年龄的增长而降低。晶体智力是使用知识和经验解决问题的能力。这种能力与社会和文化影响以及后天的学习有着紧密关联，随着年龄增长，人们的经验越丰富，积累的知识越多，晶体智力也随之增强。

在老年时期，由于人们的不同智力类型，其智力变化也是不同的。通常流体智力有一定程度下降而晶体智力则可以稳中有升。对于经验智力而言，则较为平稳，甚至有所增强。但是，成分智力和情境智力则会因问题情境的复杂性以及老年人所具备的知识程度而受到影响。当新事物出现与老年人曾经的经验或经历存在相通或相似点的时候，老年人学习和掌握的速度就会变得相对较快。[1]

二、遵循老年人的人格特征

人格，通常指一个人在漫长的生命历程中，逐渐形成的稳定、持续的心理特点，以及行为方式的总体。[2]人格具有稳定性、整体性、独特性、社会性等特性，但这并不意味着人格是不可改变的。通过终身教育，个体的人格将得到不断发展、逐步健全与成熟。老年人由于身体机能的下降和生活方式的转变，其人格表现出新的特点。

（一）个性心理特征

老年人个性心理特征变化的最主要特点是更加成熟，有些老年人也可能会出现如下问题：①生活满意度下降。由于生理功能的下降、疾病的发生、生活上乐趣和意义的缺乏等，老年人的生活满意度可能会逐渐降低，出现唉声叹气、抱怨、易怒等心理特点。[3]②适应性差。老年期是个体社会角色发生急剧变化的时期，退休、儿女的独立等，可能会使老年人的生活环境、习惯、模式等发生较大的变化，如果老年人不能很好地适应这种角色的转变，将难以维持心理平衡，易出现心理失调、适应不良等问题。③拘泥刻板性和趋于保守，固执己见、不容易接受新事物、以自我为中心等性格特点在老年人中经常可见。大量心理学研究表明，65~75岁的老年人，其刻板性没有明显的变化，但从75岁开始，老年人的刻板性明显增强。由此可见，老年人的个性

---

[1]　韩保鑫. 基于用户体验的老年人冰箱设计研究［D］. 青岛：青岛大学，2021.

[2]　肖健，胡军生，高云鹏. 老年心理学［M］. 北京：北京大学出版社，2013：173.

[3]　赵艳杰. 发展心理学［M］. 沈阳：辽宁大学出版社，2008：345-346.

心理特征呈现出由主动转向被动、由外部世界转向内部世界的变化趋势。

（二）情绪情感特征

由于社会交往、社会角色地位、心理机能等的变化，老年人在情绪的两级性、强度、持久性、深刻性等方面都有自己的特点。在情绪的两级性上，老年人会出现一些消极的变化，包括在生活保障、疾病医疗上的不安全感；退休产生的孤独感、失落感、无价值感；生理机能衰退产生的老朽感、疑惑感等。在情绪情感体验的强度上，老年人更看重对社会、对人类有益的事物或行为。在情绪情感体验的持久性上，一般来说，老年人的持续时间会比较长，一方面是老年人的情绪被激发后，需要花费很长时间才能恢复平静；另一方面是老年人形成了相对稳定的价值观，他们的情绪情感通常不会因为外界环境的变化而轻易起伏变化。[①]可见，在设计与开发智能技术类课程时，如何激发老年人的情绪情感体验，唤起他们学习的积极性，显得尤为关键。

（三）自我意识特征

进入老年期后，尤其是退休后，老年人的工作与生活环境发生了一系列较为突出的变化，环境上从以单位为核心转变为以家庭为核心，节奏上从紧张的生活转向较为清闲的生活。这时，老年人对"自我"的审视与分析往往会出现一定的偏差。比如，在自我接纳和自我否定上，自我否定会更占主导地位，导致老年人无法正确客观地评价和认识自我。在人生观与价值观上，老年人参与学习的目的更多的是为了获得自我充实、休闲娱乐的满足，更好地服务社区、帮助他人，

---

① 张志杰，王铭维. 老年心理学［M］. 重庆：西南师范大学出版社，2015：141.

而工具性和竞争性目的相对较低。由此，如何创造条件鼓励老年人主动参与新技术的学习，使其获得自我价值肯定，是智能技术类课程适老化开发应考虑的问题。

应用迁移

在"银发潮人的智慧生活"课程中，关于"智能音箱在生活中的应用"的内容呈现上，设计了"智能小秘书""智能小参谋""智能小陪聊""智能小管家"四个场景，请您思考与分析这些场景的设计如何遵循老年人的心理发展？

"智能小秘书"场景描述如下：

当您在煲汤时，需要在10分钟之后调成文火，您又怕自己忘记了，怎么办？您只需要跟智能音箱说："10分钟后提醒我把火关小。"10分钟后，智能音箱就会发出闹铃的声音，然后用语音提醒您把火关小。此外，您还可以跟智能音箱说："每天早上9点提醒我吃药。"这样，每天早上9点，智能音箱会自动闹铃，并且语音播报您的提醒事项。

"智能小参谋"场景描述如下：

如果您想知道明天的天气，那您可以直接问智能音箱："明天会下雨吗？"音箱会根据您所在的位置，把这里最新的天气预报告诉您："明天阵雨，温度15至20摄氏度，出门要记得带伞哦！"

"智能小陪聊"场景描述如下：

您可以对智能音箱说"给我讲个笑话"，它就会挖空心思给您讲各种笑话，还不带重复的。您还可以跟它说"随便给我放一首歌""播放交响乐""我要听民歌"……

"智能小管家"场景描述如下：

智能音箱可以替代我们的电视遥控器、空调遥控器，实现对这些家电的语音遥控。您可以对智能音箱说："打开电视机。"智能音箱就会把指令发给智能红外遥控器，由这位管家转发给电视机，电视机就从待机状态开启；如果电视机的声音太小了，只需要说一声"调高电视音量"，管家就会像您平时按遥控器一样，帮您把电视的音量调大。

第二节 适用老年人的生活场景

由上述老年人的心理发展特征可以看出，当老年人接受的新知识与其已有的生活经验有着相似点的时候，老年人对新知识的学习会更加持久、高效。因此，从符合老年人实际生活需求的场景出发，设计与开发智能技术类课程，更有利于老年人接受，助力其更好地掌握智能技术的应用，获得良好的学习体验。

一、强调实用性

智能技术的飞速发展，给人们的社会生活带来了极大的改变，出行、就医、消费等逐渐面临数字化转型。智能技术的应用为老年人的生活带来了极大的便利，如网上新闻、微信聊天等能帮助老年人融入多姿多彩的社会生活，丰富老年人的精神世界。与此同时，智能技术的使用对老年人提出了巨大挑战。他们虽然都有着强烈的学习需求，想通过智能技术的学习，更好地融入社会生活，但是面对智能技术带来的潜在安全风险又对其产生抵抗和排斥心理，以及面对复杂陌生的技术操作又对其产生畏难情绪等。这些都是老年人在智能技术类课程学习中遭遇的现实困境，也是当前大多数面向老年人的智能技术类课程普遍存在"叫好不叫座"的根本原因。

作为成年学习者，老年人的学习有着如下特点：①喜欢自主确定所要学习的内容或了解学习内容与自身的需求是否相关；②具有丰富的经验，可以把经验作为自己的学习资源加以运用；③把学习作为一种解决现实问题的必要手段，需要获得的信息与现实生活密切相关；④有内发的自愿学习的动机。可见，老年人对实用性较强的，且与生活实际密切相关的课程内容有着更为强烈的需求。因此，老年教育智能技术类课程开发需要关注实用性问题。实用性，常指事物能够被正常使用、实施，能够产生积极效果，而不是抽象思维阶段的东西。在开发老年教育智能技术类课程时，课程开发人员应主动了解并准确把握老年人的实际生活需求，为老年人提供适切的学习内容，使老年人能够真正学以致用，增添晚年生活乐趣，提高生活质量。

不同老年人的生活体验、生活方式不同，他们对智能技术在生活中应用场景的现实需求也有所不同。那么，如何做到场景的实用性？关键在于精准定位需求。有研究者从文化层次、职业类别、经济状况等不同角度调查分析老年人对智能技术的主观态度、技术基础、学习需求，了解和把握不同类型、不同层次老年人群体在特定时间的不同智能技术学习需求。[1]对学习智能技术以满足基本生活需要的老年人，教学内容可以与"衣食住行"等生活场景相结合，如通过网络缴纳水电费、查询医保信息、网上预约就医挂号、网上购票等；对学习智能技术以充实生活，满足社交娱乐需要的老年人，教学内容可更加关注业余生活场景，如怎样浏览信息、怎样与外地子女视频聊天、怎样

---

[1] 马丽华，丁沁南，张永. 老年学员网络自信影响因素路径分析［J］. 开放教育研究，2018（6）：113–120.

把照片做成电子影集、怎样欣赏影视作品等。2021年，中国人民大学老年学研究所在调研了27个省市1113位中老年人的网络社群使用习惯后，发布了《中老年人网络社群生活现状研究》报告。[①]报告显示，与家人、朋友互动是老年人最核心的需求。可如今，许多家庭都是独生子女，到晚年想让儿女陪伴，对老年人来说似乎成为一件很奢侈的事情。同时，由于各方面的原因，如，老年人身体素质的下降、社交圈的缩小、时间地域的差异等，使老年人与亲朋好友间的联络呈逐渐减少的趋势。智能技术在助力老年人跨越时空界限、增加老年人与亲友间的联系上独具优势。老年人通过使用社交媒体和软件的拍照、视频聊天、语音聊天等功能，就能轻松实现与家人和朋友的互动。

二、体现真实性

对老年人而言，智能技术类课程的内容相对抽象，老年教育智能技术类课程开发需要注重真实性问题。要体现真实性，可以着眼于两个方面：

（一）课程内容与真实场景相结合

美国著名教育家杜威（Dewey，J.）指出，教育就是学习者生活的过程，而不是将来生活的预备。最好的教育就是"从生活中学习、从经验中学习"。老年教育更是如此。从老年人日常经历的实际生活场景出发，编制课程内容，创设学习环境，帮助老年人实现抽象知识与实际生活情境的关联。课程中真实的场景不仅能拉近老年人与智能技术的距离，而且能减少老年人对智能技术的恐惧感，助力老年人更好地掌握智能技术。例如，上海某老年大学根据老年人的实际生活环

---

① 谢立黎，杨璐，胡波，等. 社交软件使用对中老年人社会网络的影响[J]. 人口研究，2022（9）：91–103.

境，全方位打造了"智慧生活体验教室"，呈现了"从扫码支付到智能出行，从智慧就医到掌上生活"等智能技术在生活中运用的虚拟场景，使老年人"真实"感受、体验智能技术的存在。通过这些场景的设置，让老年人感受智能时代的到来，减少了老年人对智能技术的陌生感，增强老年人的生活体验感。

（二）课程提供真实可感的体验活动

在杜威看来，由于人们最初的知识和最牢固保持的知识，是关于"如何做"的知识。因此，教育过程应该是"做"的过程，学习者只有从那些有教育意义和有兴趣的活动中进行学习，才能有助于其生长和发展。在这个意义上，让老年人切实参与智能技术的操作学习，而不单纯是理论知识的接受，这样更有助于老年人在真实环境中直接运用所获取的智能技术知识解决实际问题，通过知识的迁移解决未来的新问题。[①]例如，为了让老年人感受虚拟现实技术带来的智能休闲功能，课程开发人员通过设计虚拟现实与学习、虚拟现实与娱乐、虚拟现实与社交三个活动，带领老年人感受虚拟现实技术在学习、娱乐、社交中的应用，感受虚拟现实技术的魅力。

深度思考

在"银发潮人的智慧生活"课程中，在"智能出行"主题中，关于"智能导航"的内容，设计了李叔与王姨的一次真实的出行场景。基于此场景，设计了两个体验活动。请您感受这一场景设计的真实性，思考设计真实的生活场景需要具备哪些要素？

---

① 赵华，陈洁菲. 老年人智能技术提升的现实困境与突破路径［J］. 当代职业教育，2022（2）：29–37.

李叔的老朋友，从广州搬到顺德去住了，邀请李叔和王姨去新居玩。虽然朋友告诉了他们具体的路线，但因为对顺德不熟悉，李叔对这种陌生的行程有一种天然的焦虑。

王姨打开手机的地图应用，点了一下麦克风图标，把朋友家的楼盘名称说了一遍，手机上就出现了前往这个目的地的各种途径，包括自驾车怎么走、公共交通怎么走，公共交通选项还有不同的路线组合方式，甚至能看到这个楼盘的公交车站旁的街景。李叔看完之后，感觉有底了，也没那么焦虑了。

根据该场景，本部分内容设计了两个体验活动：一是路线规划。利用高德地图、腾讯地图等手机App，用语音输入目的地，查看驾车、步行、打车、公共交通等出行方案。二是一键叫车。利用滴滴出行、神州专车等微信小程序、手机App等方式，预约网约车出行。

三、突出易用性

相较于年轻人对新技术的敏感度和接受度，老年人对新技术的接触相对较少，很可能会存在一时难以适应的情况。加上老年人在视觉、听觉、注意、记忆等方面出现不同程度的退行性变化。因此，老年教育智能技术类课程开发需要突出易用性。只有当老年教育智能技术类课程易用时，老年人使用智能技术的意愿和频率才会随之提高，进而提高其对智能技术的接受度。易用性，常指事物易于学习和使用，能够减轻记忆负担，产生令人满意的体验。事物易用性好，可能是因为功能少，界面简单；也可能是因为使用对象的认知成本低等。老年教育智能技术类课程的易用性强调的是老年人投入相对较少的认知成本，便能掌握、应用所学习到的智能技术。要做到易用性，关键在于三个方面：

（一）恰切合适的技术选择

智能技术的种类繁多，功能多样，课程开发人员应选择适合老年人学习，且满足老年人生活需要的技术，简而言之，"需要即适合"。如买菜购物付款时，微信二维码、支付宝二维码、刷脸等都是常用的支付方式，但是何种方式是最适合老年人的呢？从老年人日常对智能技术的操作可以得出，老年人对微信的使用相较支付宝更为熟悉，因此，课程开发人员在设计课程时，若是教授移动支付，则可以选择微信二维码支付作为主要方式进行讲解。

（二）直观清晰的操作指引

毋庸置疑，老年人学习智能技术，根本目的在于掌握技能性知识，即有关智能技术的基本功能与操作程序。如果课程开发人员能将复杂的技术功能与操作以浅显易懂、简明扼要的方式呈现，提供明确的操作方法指引，那么，将极大提高老年人对智能技术的体验感，也有助于加强老年人对智能技术操作的记忆，从而降低老年人对新技术学习的认知负荷。

（三）方便多样的学习渠道

老年人有着不同的学习偏好、不同的起点基础，如有研究指出，在年龄上，55～65岁的老年人偏向于运用感觉能力，采取"做中学"的学习方式；66～74岁的老年人则比较偏重利用感觉与视觉能力，在学习中开阔思维和想象力；而75岁以上的老年人更倾向于利用视觉能力，通过内省思考的方式学习。[①]如果课程开发人员能提供多样化、便

---

① Truluck, J.E., Courtenay, B.C.. Learning Style Preferences among Older Adults [J]. Educational gerontology, 1999, 25（3）：221-236.

捷式的学习渠道供老年人自主选择，则能最大限度满足老年人不同的学习需求。如，除了纸质教材外，还可以提供操作手册、微视频、微信公众号等融媒体资源。

第三节　关照老年人的学习需求

马克思和恩格斯指出："需求是人的本性，蕴涵着人的动机与自我实现之间的联系。"[①]需求也是人对某种对象的渴求和欲望，[②]是个体在实践中因实然和应然之间存在差距而产生的对客观事物的要求。老年人的学习可以促进人的生理、心理以及社会关系等方面的健康，而且对于提升老年人的自尊以及在参与家庭和社会事务中的表达能力均发挥着重要作用。随着现代社会的快速发展，老年人对精神文化的追求急剧增加，老年人的学习需求日益强烈。老年人的学习需求就是老年人在社会生活中因实然与应然存在差距，或者为了得到某种兴趣和价值满足，而产生和表现出来的一种学习渴求。满足老年人的学习需求是老年教育课程开发的重要目的。老年人的学习需求具有多样性和社会历史性的特征。多样性是指老年人的学习需求是丰富多彩的，不同的老年人或同一老年群体会有不同的学习需求。社会历史性是指老年人的学习需求取决于社会发展水平，处于不同历史阶段的老年人具有不同的学习需求。所以，了解老年人的学习需求，以此作为研制

---

① 马克思，恩格斯. 马克思恩格斯全集：第1卷［M］. 北京：人民出版社，1960：514-544.

② 陈琦. 当代教育心理学［M］. 北京：北京师范大学出版社，1997：121.

老年教育课程的出发点，能切实解决老年教育课程供给不足与老年人学习需求旺盛的矛盾问题。

一、老年人学习需求的变化

长期以来，我们错误地认为老年人因对技术学习有障碍，所以其对技术学习的热情不足。其实不然。在一项针对老年人技术教学效果的研究中，研究者使用教师教学和老年人自主学习相结合的教学方式，教授老年人使用微信聊天和使用电脑播放视频。结果发现，老年人不仅熟练地掌握了使用微信进行聊天和使用电脑进行视频的播放、暂停、快进和快退等操作，更对智能技术支持的社会再学习产生了强烈的兴趣。[①]可见，老年人尽管技术基础薄弱，但是他们对技术学习的需求是有期待的。

老年人的学习需求与年轻人有着较大的差别，且不同时代的老年人的学习需求也不尽相同。有研究显示，在20世纪70年代中，老年人的学习需求主要侧重于学习的"工具性"，即将学习视为帮助老年人解决某方面实际问题或实现某方面现实诉求的途径，学习的内容主要针对老年人在生活、家庭及社会等方面遇到的问题。[②]到了80年代，老年人的学习需求则倾向于"表达性"，即通过参与学习活动实现表达或表现自己的愿望。[③]进入21世纪，随着"积极老龄化"概念的广泛传播，老年人的学习需求也在发生转变。

在新时代下，经济社会发展和生活水平提高，社会主要矛盾转化

---

① 杨帆. 信息技术助力下老年人社会再学习模式探索［D］. 哈尔滨：哈尔滨师范大学，2016.

② Hiemstra，R.P.. Continuing education for the aged: A survey of needs and interests of older people［J］. Adult education quarterly，1972，22（2）：100–109.

③ Fisher，J.C.. Participation in educational activities by active older adults［J］. Adult education quarterly，1986，36（4）：202–210.

为人民日益增长的美好生活需要和不平衡不充分的发展之间的矛盾。物质条件不再是影响老年人生活的决定性因素，老年人对健康、精神和文化的需要逐渐增加。①随之，"发展性"学习需求日渐凸显，即老年人希望通过学习发展兴趣爱好，提升晚年生活品质，实现个人的社会价值。所以，追求生活品质的需求、追求人际交往的需求、追求社会贡献的需求成为老年人新的学习需求。②追求生活品质的需求包含"促进身心健康的需求""学习生活技能的需求""培养兴趣爱好的需求""生命财产安全的需求"以及"适应信息社会的需求"五种。追求人际交往的需求包括"处理亲情关系的需求""调解邻里关系的需求""联系朋友关系的需求"。追求社会贡献的需求是最高级别的需求，包括"为他人服务的需求"和"为社会服务的需求"。老年人学习需求的转变，预示着课程开发人员在研制老年教育智能技术类课程时，要帮助老年人在学习和使用智能技术时，实现身心发展与社会发展同步、家人相处与朋友沟通兼具、人生体验与社会服务共行，真正做到"老有所学""老有所乐""老有所为"。

二、老年人对智能技术的学习需求

需求有真实需求和虚假需求之分。真实需求是来自个体内部，体现个体自由意向的需要。虚假需求则是以某种利益驱动，由外部力量强行施加于个体的需要。随着智能技术的勃兴及其在社会生活中的广泛应用，数字化、智能化、网络化生活已成为新的时代潮流与趋势，老年人对智能技术的学习需求与日俱增。但是，需要区分出老年人对

---

① 陈妍妍. 天津市养老机构老年人学习需求现状及分析［J］. 卫生职业教育，2021（8）：119-122.

② 陈文娇，刘巧巧，肖杨. 基于当代老年人学习需求的社区老年教育课程开发［J］. 成人教育，2021（7）：35-40.

智能技术的真实学习需求与虚假学习需求。真实学习需求是老年人使用智能技术积极性的来源，也是激发老年人利用智能技术主动融入社会生活的内部动力。因此，针对老年群体的智能技术类课程开发，应直接切中老年人的真实学习需求。

就老年群体的实际生活而言，智能手机是其主要接触的智能技术。本书作者以"智能手机应用"为切入点，采用自编"老年人智能手机使用现状与课程学习需求调查问卷"，选取G省G市11区参与老年教育的2004名学员开展较大规模调研，以期为老年开放大学开设适老化智能技术类课程提供可行的建议。[①]问卷包括两大部分：一是智能手机使用现状调查。借鉴Menéndez Álvarez-Dardet等人设计的"老年人信息通信技术使用调查问卷"[②]，将智能手机使用现状分为四个维度：使用频率、使用期望、使用经验和使用障碍。二是智能手机课程学习需求调查。借鉴许竞等人设计的有关老年人学习需求与学习偏好的调查问卷，[③]将智能手机课程学习需求分为四个维度：参与意愿、期待教学方式、期待学习内容和课程坚持度影响因素。问卷各维度构成与考察点如表3-1所示。

表3-1 "老年人智能手机使用现状与课程学习需求"问卷主要维度

一级维度	二级维度	主要考察点	题项参考来源
智能手机使用现状	使用频率	使用平均时长	/

---

① 张国杰，尹睿，周依慧，等. 智能时代，老年人准备好了吗？——基于2004名老年学员的调查分析［J］. 当代职业教育，2022（10）：43-53.

② Menéndez Álvarez-Dardet, S., Lorence Lara, B. & Pérez-Padilla, J.. Older adults and ICT adoption: Analysis of the use and attitudes toward computers in elderly Spanish people［J］. Computers in human behavior, 2020（110）：106377.

③ 许竞，李雅慧. 我国中高龄人群学习需求及偏好调查研究——基于部分省市抽样数据［J］. 开放教育研究，2017（2）：110-120.

（续表）

一级维度	二级维度	主要考察点	题项参考来源
智能手机使用现状	使用期望	应对需求 表达需求 贡献需求	张飞等，2020[①]
	使用经验	信息获取 社会交流 生活应用 娱乐休闲	《中老年互联网生活研究报告》[②]
	使用障碍	内在：生理、心理 外在：手机本身、社会支持	Lee，B. et al.，2011[③]；边鹏，2012[④]
智能手机课程学习需求	参与意愿	是否愿意参与课程	/
	期待教学方式	复习巩固策略 案例教学模式 微课导学模式 朋辈互助模式 手册自学模式 讲演操练模式 直接答疑策略 试误+答疑策略	/

---

① 张飞，江丽. 霍华德麦克拉斯基老年教育思想研究及启示［J］. 成人教育，2020（2）：38–42.

② 中国社会科学院.《中老年互联网生活研究报告》发布［EB/OL］.［2022–03—20］. http://cass.cssn.cn/keyandongtai/baokanchuban/201803/t20180326_3887425.shtml.

③ Lee，B.，Chen，Y.W.，Hewitt，L.. Age differences in constraints encountered by seniors in their use of computers and the internet［J］. Computers in human behavior，2011（3）：1231–1237.

④ 边鹏. 技术接受模型研究综述［J］. 图书馆学研究，2012（1）：2–6+10.

（续表）

一级维度	二级维度	主要考察点	题项参考来源
智能手机课程学习需求	期待学习内容	基础操作、微信、网上购物、地图导航、手机拍摄、视听娱乐、便民服务	方之瑜，2018[1]
	课程坚持度影响因素	技术感知 课程本身	Barnard, Y. et al.，2013[2]

（一）老年人对智能技术的使用需求

从智能手机的使用目的来看，应对需求（81.0%）和表达需求（96.9%）是老年人使用智能手机的主要目的。应对需求主要体现为网络购物（19.6%）、查找自己所需信息（19.4%）和办理生活服务业务（17.8%），表明老年人对融入信息社会持积极态度。表达需求则主要表现为与家人朋友沟通（32.3%）、了解亲人朋友的生活动态（20.0%）和向他人分享生活乐趣（17.6%）。有28.5%老年人表示使用智能手机是为了满足贡献需要，即为他人提供帮助；16.4%的老年人表示使用智能手机的目的是防止自己与社会脱节。

（二）老年人对智能技术的内容需求

采用层次聚类算法对老年人期待学习内容进行聚类分析。横坐标为各类别的相对距离，纵坐标为原有的学习内容变量。数据显示，将变量聚类为三类时，即手机拍摄类、基础操作类以及应用服务类（网上购物、地图导航、视听娱乐、便民服务、微信为一类），聚类结果

---

[1]　方之瑜. 智慧城市背景下老年群体信息技术现状与能力培养［J］. 中国电化教育，2018（2）：67-72.

[2]　Barnard, Y., Bradley, M.D., Hodgson, F. & Lloyd, A.D.. Learning to use new technologies by older adults：Perceived difficulties，experimentation behavior and usability［J］. Computers in human behavior，2013（4）：1715-1724.

良好（如图3-1所示）。

使用质心联结的谱系图

重新标度的距离聚类组合

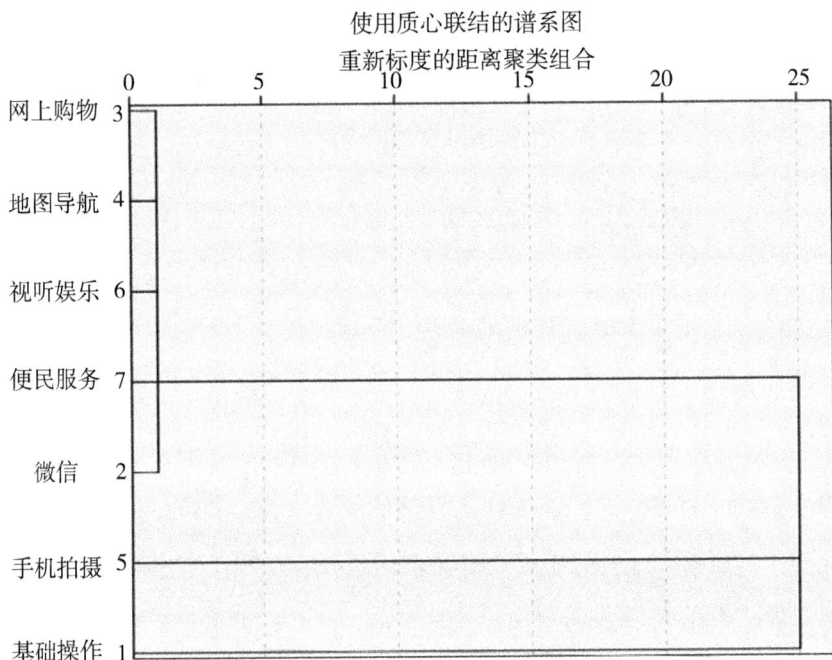

图3-1　老年群体期待学习内容聚类树状图

由于笔者采用多选题的形式对研究对象的学习内容需求进行调查，因此将聚类后的三类学习内容进行组合，可将老年人期待学习的内容细分为七类（如表3-2所示）。

表3-2　老年群体期待学习内容类别

类别	学习内容	人数	百分比（%）
1	基础操作	140	7.0
2	手机拍摄	142	7.1
3	应用服务	324	16.2
4	基础操作和手机拍摄	41	2.1
5	基础操作和应用服务	144	7.2
6	手机拍摄和应用服务	454	22.7
7	基础操作、手机拍摄和应用服务	759	38

表3-2数据显示，在调查的老年学员中，选择单一类别学习内容的占30.3%，期望丰富多样学习内容的占70%。与其他类别相比，"基础操作、手机拍摄和应用服务"（38%）、"手机拍摄和应用服务"（22.7%）及"应用服务"（16.2%）更受老年人的青睐，说明老年人对智能手机课程内容需求日趋多样化和复杂化。而在应用服务类学习内容中，排在前三位的是地图导航（49.2%）、视听娱乐（47.1%）和网上购物（44.4%）。可见，老年人希望通过智能手机课程的学习，提升实践技能水平，便捷日常生活，丰富精神生活，追求高品质生活。

第四节 化解老年人的技术学习困难

《2018年社会蓝皮书》对老年人互联网生活调查曾指出，不同年龄层次、不同性别、不同教育经验的老年人对科技和互联网都存在疑虑、担忧、不自信等消极情绪，极大地限制了其网络行动。[1]造成这些疑虑、担忧、不自信的消极情绪，实则是自我效能感使然。班杜拉（Bandura，A.）指出，个体对自己是否具有通过努力成功完成某种活动的能力所持有的主观判断和信念，将直接影响到个体的行为动机。这种主观判断和信念称之为"自我效能感"。由此推及，当老年人对新技术学习的自我效能感低下时，将直接降低其使用新技术的意愿以及持续学习的动机。通常，老年人对新技术学习的自我效能感低下，是一种技术学习困难的表现。作为老年教育智能技术类课程开发人

---

① 马丽华，丁沁南，张永．老年学员网络自信影响因素路径分析［J］．开放教育研究，2018（6）：113-120.

员，应充分了解老年人的技术学习困难，采取针对性策略加以改善，进而有效提升老年人的自我效能感。

一、老年人的技术学习困难原因

老年人的技术学习困难存在表层原因与深层原因，它们各自有着不同的表现。

（一）表层原因

从表层上看，老年人的技术学习困难可以归结为三个原因：

（1）操作层面：老年人对技术的操作程序不熟悉，尤其对较为复杂的技术操作程序不熟悉。

（2）应用层面：老年人对技术应用的场景不了解，不知道在何种场景下应选用何种技术。

（3）方法层面：老年人对技术功能不清楚，不知道不同的技术功能适用于解决哪些问题。

（二）深层原因

从深层上说，老年人的技术学习困难根源在于以下三方面：

1. 社会刻板印象

社会对老年人的普遍印象是将其定位为"弱势群体"，无形中"矮化"了其适应新技术发展的能力。加之，与年轻人相比，老年人使用智能技术的频率和机会不多，属于"非必要不使用"的人群，这往往容易导致老年人形成一种"我没有能力学好智能技术"的心理暗示，使其对智能技术产生较大的疏离感。疏离感越大，说明他们对智能技术的黏度越差，对智能技术的需求越小，技术学习困难越大。

2. 身体机能变化

进入老年期，老年人身体机能部分退行，相应地，在感知觉、记忆、注意、言语、智力等方面出现一定程度的衰退，较大地影响了其对智能技术学习的自信。

3. 自身认知困难

老年人学习的非特殊迁移作用较差，而已有联系对形成和过去不一致的新情况干扰较大。这意味着老年人的旧经验优势会对适应新情况起阻碍作用。[1]所以，当老年人接触新技术时，技术知识的抽象性与老年人由于原有生活、工作经验形成的思维定式之间存在矛盾，使其无法正确理解技术知识，容易对智能技术产生认知困难。认知困难越大，意味着他们对智能技术的接受度越低，对智能技术的需求越小，技术学习困难越大。

二、老年人的技术学习困难破解

了解了老年人的技术学习困难，可以从多角度寻求途径加以破解，具体做法如下：

（一）挖掘兴趣

有研究表明，老年人参与学习的内部因素是满足自己的好奇心、探索自身兴趣，外部因素是利用空闲时间，通过有趣的课程提高自身知识水平，充实生活。[2]当老年人带着强烈的学习兴趣参与智能技术类教育活动时，他们会产生更加良好的学习体验，会更加积极主动地克

---

[1]　叶瑞祥，卢璧锋. 老年教育学与教的原理［M］. 北京/西安：世界图书出版公司，2019：106.

[2]　Baral，S.M.. Learning as leisure among older adults: Triggers, motivations and constraints of OLLI members［D］. Clemson：Clemson University，2014.

服学习过程中的困难并最终完成学习活动。[①]兴趣激发、推动、维持着认知活动，认知活动则深化、发展着兴趣。

要想开发出老年人愿意投入学习的智能技术类课程，课程开发人员应广泛了解老年人学习智能技术的兴趣领域，优先从解决老年人遇到的智能生活问题和满足精神生活追求两个方面入手。以智能手机为例，可以从纵横两个维度构建多主题、多层级课程群。在横向维度上，以生活场景融入的方式，围绕"智能出行""智能购物""智能医疗""智能理财""智能分享"等主题重构课程内容；在纵向维度上，以难度螺旋上升的方式，按照初阶体验、进阶实践、高阶创新三个层级排列。初阶体验课程涉及智能手机的基本操作和功能认识，初步体验与感知智能手机在社会生活场景中的应用，加强广大老年群体对智能手机的有用性和易用性感知，促进对智能手机应用的认同感，激发学习动力；进阶实践课程旨在帮助广大老年群体提升使用智能手机解决社会生活复杂问题的技能，着力提升老年群体的数字素养；高阶创新课程主要面向对智能技术应用有着浓厚兴趣的老年群体，使得每一位老年人都可以找到适合自己的智能技术类课程。

（二）搭建支架

维果茨基（Vygotsky, L.）的最近发展区理论揭示，学习者的发展有两种水平：一种是学生的现有水平，指独立活动时所能达到的解决问题的水平；另一种是学生可能的发展水平，也就是通过教学所获得的潜力。两者之间的差距就是最近发展区。要实现学习者从现有水平跃迁到可能的发展水平，教师应在最近发展区中为学习者搭建支架，使其水平得到不断攀升。基于此，课程开发人员应积极探索助力老年

---

① 孙立新，刘兰兰. 教育会影响老年人主观幸福感吗？——基于教育回报率的实证研究［J］. 开放教育研究，2020（10）：111-120.

人智能技术课程学习的支架，消弭老年人原有认知与新技术应用之间的鸿沟。从支架的表现形式来看，适用于老年人学习的支架主要有以下三种形式：

1. 范例支架

范例支架是符合学习要求的学习成果，往往涵盖了特定技术主题学习中最重要的关键知识与技能。好的范例对老年学习者的学习起到引导作用，帮助老年学习者较为便捷地达到学习目标。例如，在"智能分享"的主题学习中，课程开发人员可以将往届老年学习者用智能手机拍摄与精心编辑的"春日踏青"的照片、短视频等作品作为范例，示范如何运用智能手机拍摄出不同样式的照片，并对照片进行编辑处理。

2. 问题支架

问题支架是围绕所学知识，以问题链的方式引发老年学习者的思考。问题的数量要少而精，并要通过一定的顺序安排使老年学习者把握特定技术主题的知识脉络与操作步骤，而且问题最好是基于技术应用的场景引出，并使用老年学习者容易理解或者生动诙谐的语言进行设计，以便吸引老年学习者的兴趣。

应用迁移

在"银发潮人的智慧生活"课程中，在"智能关爱"主题中，关于"智能喂食机"的内容，设计了如下问题支架，引发老年学习者思考智能喂食机的作用及其主要功能，进而激发学习新技术的动力。您是否也能按照这样的方式，以某一内容为例，设计相应的问题支架？

很多人退休后突然清闲下来，有些不适应，还往往容易产生焦虑、烦闷的心情，长此以往极易诱发身心疾病。不少"银发"潮人通过养宠物来充实晚年生活，宠物猫、宠物狗为老人们的生活增添了不少情趣。但是，您是否遇到一个纠结的问题：偶尔外出旅行，或者身体欠佳，又或者到儿女家小住几天，如何安置这些宠物？

传统的宠物自动喂食机，是通过重力滑落的方式，把水或者猫粮、狗粮落入食盆中，吃完一部分后自动掉落补充。但是，这些喂食机对宠物粮的保鲜度不佳，对于很多"嘴刁"的宠物们，受潮的宠物粮可能影响它们的食欲；对于"贪嘴"的宠物们，则可能因为主人不在家，出现"吃撑了"的现象。那么，如何做到定时定量出粮？如何远程操控给宠物添加食粮？

有些宠物对主人的声音比较敏感，当听到主人的呼唤声，才会安心进食。如果主人不在家，为了安抚宠物的"玻璃心"，怎么能让宠物们在听到主人熟悉的声音后轻松进餐？

3. 图表支架

图表支架是用可视化的方式对知识进行描述，便于支持老年学习者的高阶思维发展。当前许多面向老年人的技术类课程仍然沿用"文字式步骤讲解+配图"的方式来呈现内容，尽管能够做到细化步骤、要点精讲，但是不利于老年学习者快速形成对技术应用过程及其场景的整体感知。因此，倘若借助流程图的方式梳理操作要点，以简明扼要的文字加以表达，并辅以图标与字体的特殊设置，这样有助于老年学习者更好地理解。

（三）鼓励实践

纸上得来终觉浅，绝知此事要躬行。只有在实践的基础上学习，才能逐步达到对知识的深刻理解。对于智能技术类课程的学习，更需要课程开发人员树立起"知行合一"的课程开发意识。一方面融入实践案例阐释理论知识，另一方面设计实践任务操练技能知识。例如，在"学会用智能手机"课程中，在"智能手机也是学习机"主题中，关于"利用微信进行学习"的内容，设计了三个实践任务：①查找并关注自己感兴趣的微信公众号；②查看一则关注的微信公众号的历史信息；③将看到的有意思的微信公众号信息，分享给好友阅读。

第四章

老年教育智能技术类课程目标的确定

无目标的努力，有如在黑暗中远征。[①]

——英国谚语

课程论专家泰勒（Tyler，R.W.）在《课程与教学的基本原理》中提出了关于课程开发的四个问题：学校应当追求哪些目标？（选择教育目标）[②]怎样选择和形成学习经验？（选择学习经验）怎样有效地组织学习经验？（组织学习经验）如何确定这些目标正在得以实现？（评价课程）这就是著名的课程开发的"目标模式"，强调通过目标引导教师在教学过程中有据可依。可见，课程目标确定是整个课程开发过程中重要的环节之一。它不仅规定了通过教学，学习者的学习结果应该达到的基本要求和水准，而且指引了课程内容组织与教学活动开展。要想开发适合老年人学习、满足老年人需求的智能技术类课程，确定课程目标至关重要。

---

① 新民，周刚. 警世忠言［M］. 武汉：湖北人民出版社，1998：122.

② 在英文释义中，教育目标、课程目标与教学目标没有截然分开，它们之间具有内在一致性。教育目标指的是课程目标或教学目标。它们指的都是一种预期的学习结果。故本书对教育目标、课程目标与教学目标不做严格区分。

第一节　老年教育智能技术类课程目标的来源

人类经过长期的教育实践和探索，提出了课程目标的不同来源，泰勒将其归纳总结为三大来源："对学习者自身的研究""对校外当代生活的研究"和"来自学科专家的目标建议"。[①]循此思路，老年教育智能技术类课程目标的确定必须研究老年学习者的需要、数字社会生活的需要以及老年教育发展的需要，并将这些方面结合起来。

一、老年学习者的需要

教育实际上是改变人的经验与行为方式的过程。目标代表着教育机构的追求，指导促进学习者经验与行为发生各种变化。对老年学习者的研究，就是要找出并确定教育机构期望老年学习者经验和行为方式产生的变化，需要对老年学习者自身的需要和兴趣进行研究。不同时期的老年学习者的兴趣与发展需要各有差异，老年教育课程目标的制定必须反映特定时期老年学习者的共同需要和个性需要。对于智能技术类课程而言，老年学习者的这些需要主要表现在如下三个方面：

（一）学习需求

随着智能技术全面进入老年人的生活领域，使老年人的生活方式和学习方式发生了翻天覆地的改变。在切身感受着智能技术带来的便捷与困难之外，老年人也对学习甚至驾驭智能技术产生了多样化的学习需求。在一项对上海部分学习机构的老年人进行学习需求调查的研究中，结果显示信息技术的相关内容，如智能手机和智能家电的应用、移动支付、预约注册等技能，已然成了老年人中第二受欢迎的科

---

① 黄甫全. 现代课程与教学论 ［M］. 北京：人民教育出版社，2011：247.

目。中国的人口结构越来越趋向于"老龄化",但新的媒体形式正在迅速出现。年轻人是"数字原住民",中年人是"数字移民",老年人则成了"数字难民"。为了融入这个智能的、消息灵通的社会,老年人渴望学习信息技术技能。[①]并且,这种学习需求并非是单一的,而是呈现多元化、差异化的特征。

（二）社交需求

任何人都生活在一个特定的社会群体之中,不可能脱离社会或群体而离群索居。对于离群退休的老年人而言,社会交往更是其获取信息、交流情感、增进友谊、丰富晚年生活的重要渠道。随着老年人从工作岗位退休后,其社会交往范围与机会逐渐缩小,原有的社会关系也逐渐疏远,而新的人际关系又难以建立,孤独和失落成为老年人面临的严峻问题。随着智能手机等智能工具成为社会交互的重要中介,老年人对智能手机的需求就不再停留在掌握操作技能层面,而是希望通过操作技能的学习,满足自身期待与他人进行社会交流和融入社会的美好需求。具体来说,这种需求主要体现在两个方面:

1. 同辈多元互动

同辈多元互动,指的是老年人与同辈朋友进行多形式、多内容、智能化的互动交流。这种互动交流主要通过两种方式达成:一是老年人在创建老年学习共同体的过程中,建立新的社会关系、新的友情和新的生活内容;二是渴望学习全新的交往方式,例如借助智能手机与朋辈、友邻进行语音沟通、文字聊天、生活分享等互联社交行为,借此增强社会参与,在数字世界得到心灵慰藉。

---

① Fu, L.. Preliminary Probe into the Theory of Learning Needs of the Elderly: Considering the Perspective of Yearning for a Better Life [J]. Global Lifelong Learning, 2021, 1（2）: 64-78.

2. 代际畅通交流

"人生交契无老少"，老年人渴望通过掌握智能技术来实现与子孙进行和谐交流。老年人有着与年轻人交流的强烈意愿，然而代沟几乎使得当代老年人谈之色变。代沟是指两代人之间的社会化过程因所处时代不同、所历之事不同而产生的代际隔阂与差异，[①]这是客观存在且不容忽视的问题。尤其是随着当代智能技术的快速发展，老年人由于受到年龄和新技术知识的制约，与后辈人的代沟问题越来越明显。鉴于此，通过掌握智能技术减少因信息科技障碍而产生的代际隔阂现象，满足代际畅通交流的需要，成为老年人的社交之需。掌握智能技术也是促进代际文化传播与互动，增进两代人的理解，实现代际融合的有效手段。

（三）精神需求

在以往的观念中，人们认为老年人已离开社会生活舞台，处于社会生活的边缘。这是一种消极的老龄观。2002年，第二次世界卫生大会提出了新的全球共识——积极老龄化。积极老龄化把老化过程看作一个正面的、有活力的过程，倡导老年人必须有健康的生活和有风险与社会的机会。世界卫生组织提出的健康并非单指身体机能良好，还包括心理、社会功能的完好状态。"积极"一词不单指健康，也包括能持续参与社会、经济、精神和文化活动。[②]在积极老龄化的视角下重新审视老年人的需要，发现他们仍然存有参与社会舞台的积极心愿，认为自己是仍在发展中的人，渴望在数字时代也能发挥自己的个人价值和社会价值。对老年人来说，他们学习智能技术的目的更多的

---

① 董之鹰. 老年教育学 ［M］. 北京：中国社会出版社，2008：192.
② 邬沧萍，彭青云. 重新诠释"积极老龄化"的科学内涵 ［J］. 中国社会工作，2018（6）：28-29.

是为了提升生活质量、获得精神愉悦及实现人生价值，渴望借助这一新兴技术在社会上重新发光发热，散发生命的活力，真正成为智能时代社会的主人、数字红利的共享者，而不是社会的"边缘者"和"遗弃者"。

二、数字社会生活的需要

现代科学技术的产生、发展与应用，引发了"知识爆炸"，以致把人们公认的全部重要知识都纳入课程计划或者教学材料里，已不再可能。人们越来越重视知识和技能对当代社会的意义问题。当代社会生活及未来发展要求个人具备怎样的知识、技能、价值观？教育如何帮助学习者获得最基础、最重要的知识、技能，并引导他们形成积极、健康的价值观？这些是确定课程目标必须思考的重要问题。[①]

为此，课程开发人员必须深入了解数字社会生活各个领域，研究老年人在物质层面和精神层面的需要，并据此确定课程目标。例如，新加坡在"数码乐龄计划"中专门为具备基本数字技能，并希望提升数字创意技能的老年人开设了"数码创作银发族"系列课程，包含数码摄影、制作和剪辑短片、数码音乐与艺术、电脑编码、电子书籍创作等，其目标在于激发老年人创造性使用数字技术进行内容创作和知识分享。[②]

在第二章"老年教育智能技术类课程的设置"中，我们明确指出提升老年人的数字素养已成为数字时代发展的必然趋势。为了帮助老年人融洽地接入数字社会，提高生活质量和幸福感，应鼓励老年人积

---

① 黄甫全，吴建明. 课程与教学论［M］. 北京：中国人民大学出版社，2019：134.

② Seniors Go Digital［EB/OL］.［2022-08-31］. https://www.imda.gov.sg/zh/seniorsgodigital.

极参与智能技术类课程的学习，切实提高自身数字素养，主动拥抱数字化生活，共享数字技术带来的信息红利。

拓展阅读

社区Pane e Internet是由意大利北部的艾米利亚-罗马涅大区资助的一个项目，旨在提升与发展老年人数字素养，帮助他们充分融入数字社会。为了全面提升老年人的数字素养，该项目开设了数字文化、数字生活、数字社交、隐私与安全、数字技能五大类课程。

数字文化课程旨在让老年人认识到数字技术对健康和福祉的影响，并培养他们在阅读信息和数据时的批判性思维。该课程涵盖了网络成瘾、网络仇恨、数字形象管理等内容。数字生活类课程以提升老年人利用数字工具解决问题的能力为课程目标，包含在线购买与出售、智能手机摄影、在线资源访问方法、博客使用指南等内容。数字社交类课程旨在提升老年人利用数字技术参与社会的能力，包含在线推广、在线图书馆、网络求职等内容。隐私与安全类课程通过讲解有关隐私、数字安全和版权的概念，提高老年人对网络风险的认识，包含数据管理、互联网安全、互联网版权、隐私和社交网络等内容。数字技能类课程专为那些对计算机和智能手机缺乏信心但希望自信和安全地使用它们的人而设计，旨在提升老年人使用数字工具（如电脑、手机）进行信息获取、评价、共享等基础使用技能，增强老年人使用智能设备的信心，包含电脑扫盲、智能手机扫盲等内容。这些课程旨在帮助老年人提高数字素养，使他们能够更加自如地在数字世界中生存。

三、老年教育学发展的需要

结合我国《老年教育发展规划（2016—2020年）》的目标要求，老年教育要实现两个基本目标：一是通过"老有所教、老有所学"，促进"老有所为、老有所乐"，提升其生活和生命质量并实现人生价值；二是促进老年人的全面发展，为经济社会可持续发展提供人力资源支持，有效应对人口老龄化社会问题。可见，促进老年人发展是老年教育的核心要义。

随着《中共中央　国务院关于加强新时代老龄工作的意见》的发布，在"实施积极应对人口老龄化国家战略"基础上，加快发展老年教育，"将老年教育纳入终身教育体系"已成为大势所趋。有研究者指出"从学科层面探讨老年教育，既是急剧增长的老年人口精神文化需求的现实体现，又是新时代老年教育高质量发展的必然要求"。[①]

我国最早的老年大学学员主要是离退休老干部，针对他们的休闲娱乐和健康养生的需求，教育目标主要指向康乐、休闲、养生。长期以来，我国大部分老年大学仍然延续着这个传统，忽视了老年教育在老年群体生活质量、老年人力资源开发和社会可持续发展等方面的重要价值。[②]随着人口老龄化与数字化进程的加快与交融，老年人终身学习的需求愿望也在加速释放，先前以康乐为主的教育目标已无法满足数字社会对老年教育学提出的需求以及老年人终身学习的迫切需求，老年教育的目标亟待更新。

麦克拉斯基认为，人们都有通过帮助他人来实现自我价值的倾向和欲望，尽管老年人离开了原有的工作岗位，但是他们的认知能力

---

① 侯怀银，张慧萍. 新时代老年教育学学科建设的若干关键问题［J］. 现代远程教育研究，2022（3）：47-56.

② 程仙平. 指向未来的我国老年教育高质量发展路径选择［J］. 中国职业技术教育，2021（5）：81-88.

和创造能力仍保持在一定的水平，可以参加自己感兴趣的领域并加以探索，持续为社会服务。[①]在积极老龄化视角下，要进一步拓展老年教育目标的内涵和外延。一方面，既要继续坚持老有所养所医，老有所学所教，提高老年人生活质量和生命价值，另一方面，则要把继续社会化和再就业化作为未来老年教育不可缺少的培养目标。继续社会化目标，是指通过老年教育，促使老年人了解社会发展的新动态、新科技、新观念，接受新的数字化生活方式，主动融入与适应不断变化的数字社会，顺利完成社会角色转变，使老年人即使脱离了工作岗位也不至于脱离社会，最终使老年人更好地社会化。再就业化目标，则要求老年教育应充分利用老年人已有的职业技能、职业经验、生活智慧，有计划、有策略地开发老年人的人力资源，帮助老年人更新知识技能，掌握新的技术，促进老年人继续发挥自己的余热与潜能，提高生命质量和生存价值，进而更好地服务社会。

深度思考

教育、科技、人才是全面建设社会主义现代化国家的基础性、战略性支撑。教师是教育发展的第一资源，是科技自立自强的重要支撑，是人才队伍建设的重要保障。积极应对人口老龄化，在保障劳动适龄人口充分就业基础上，挖潜广大退休教师政治优势、专业优势、经验优势，发挥其辐射带动作用，有利于促进教育公平，营造终身学习的文化氛围，加快建设高质量教育体系。2023年7月，教育部、科学技术部、工业和信息化部、民政部等十部门印发《国家银龄教师行动计划》（简称《计划》），要求"将建设全民终身

① 刘丽. 周雅露. 新时代开放大学社区老年教育课程教学模式探析［J］. 江西广播电视大学学报，2019（5）：18-21.

学习的学习型社会、学习型大国与积极应对人口老龄化相结合，教育均衡发展与区域协调发展相结合，挖潜退休教师资源优势与助力教育高质量发展相结合"。《计划》提出未来三年实施五大工作任务，具体为"银龄教师支持普通高等教育行动""银龄教师支持职业教育行动""银龄教师支持基础教育行动""银龄教师支持终身教育行动""银龄教师支持民办教育行动"，强调注重数字赋能，"依托国家智慧教育公共服务平台以及其他成熟的资源共享和学习服务平台，为银龄教师线上线下开展支教支研提供基础支撑"。①

《计划》的发布是新时代国家应对积极老龄化做出的积极举措，也是数字赋能老年教育继续社会化和再就业化的新尝试。请您在了解《计划》内容的基础上，思考老年教育智能技术类课程在课程设置与目标定位上可以做出哪些改革？

第二节　老年教育智能技术类课程目标的设计

课程目标，是指对学习者通过课程教学应该表现出来的可见行为的具体明确的表述，也是指课程教学中师生预期达到的学习结果和标准。对课程目标的设计，实际上是对这种结果或标准具体化、明确化

---

① 教育部. 教育部等十部门关于印发《国家银龄教师行动计划》的通知［EB/OL］．［2023-08-28］．http://www.moe.gov.cn/srcsite/A10/s7151/202308/t20230829_1076752.html.

的规定。

一、教育目标分类理论

自20世纪以来，许多心理学家和教育学家都对教育目标分类问题进行了深入研究，形成各具特色的教育目标分类体系，为学习结果类型的划分提供了理论依据。此处我们将对影响最大的布卢姆等人的教育目标分类理论进行简要介绍。布卢姆等人将教育目标分为认知、情感和动作技能三大领域。[①]每一个领域又细分为若干目标层次，这些层次具有阶梯关系，即较高层次的目标包含且源自较低层次的目标。

（一）认知领域教育目标分类

布卢姆依据加工知识的方式把认知领域的教育目标由低级到高级分为识记、理解、应用、分析、综合、评价六个层次，各个层次的含义如表4-1所示。

表4-1　认知领域教育目标层次

目标层次	含义
识记	学习者对先前学习过的知识材料的回忆，包括对具体事实、概念术语、方式方法、过程、理论、原理等的回忆。例如，能记住网络诈骗的基本类型
理解	学习者把握知识材料意义的能力。它一般分为三类：一是转换，即用自己的话或用与原先不同的方式来表达所学的内容；二是解释，即对一项信息（如图表、数据等）加以说明或概述；三是推断，即预测发展的趋势

---

① Bloom, B.S. Taxonomy of Educational Objectives, Handbook I: Cognitive Domain [M]. New York: David McKay, 1956. Krathwohl, et al. Taxonomy of Educational Objectives, Handbook II: Affective Domain [M]. New York: David McKay, 1964. Simpson, E.J. The Classification of Educational Objectives in the Psychomotor Domain [M]. Washington: Gryphon House, 1965.

（续表）

目标层次	含义
应用	学习者把学到的知识应用于新的情境，包括概念、原理、方法和理论的运用。例如，运用微信视频聊天与亲朋好友进行交流
分析	学习者把复杂的知识整体分解为组成部分并理解各部分之间联系的能力。它包括部分的鉴别、部分之间关系的分析和部分之间组织结构的认识。例如，能区分不同网络诈骗方式、能识别人物摄影的基本要点等
综合	学习者把所学知识的各个部分重新组合，形成一个新的知识体系。例如，有机整合文字、图片等素材，用智能手机制作一个美篇作品
评价	学习者对材料作价值判断的能力。它包括按材料的内在标准（如组织结构）或外在标准（如某种学术观点）进行价值判断

布卢姆的学生安德森（Anderson，L.W.）对认知领域教育目标做过一次修订，将认知领域的教育目标分为识记、理解、应用、分析、评价、创造六个层次。其中，删掉了综合层次，增加了创造层次，指的是学习者将要素整合为一个内在一致、功能统一的整体或形成一个原创的产品。包括三种类型：①生成：学习者能够表征问题和得出符合某些标准的不同选择路径或假设；②计划：学习者能够策划一种解决方案以符合某个问题的标准，也即形成一种解决问题的计划；③贯彻：学习者执行计划以解决既定的问题。另外，安德森还将原先的理解层次扩充为七种类型：①解释：学习者能够将信息的一种表征方式转换成另一种表征方式；②举例：学习者能够指出某一概念或原理的特定事例；③分类：学习者能够识别某些事物是否属于某一类别；④总结：学习者能够提出一个简短的陈述以代表已呈现的信息或抽象出一个一般主题；⑤推断：学习者能够从已有的信息中得出结论或者一组事例中发现范型；⑥比较：学习者能够查明两个或两个以上的客体、事件、观念、问题和情境等之间的异同；⑦说明：学习者能够建

构或运用因果模式。

（二）情感领域教育目标分类

克拉斯伍（Krathwohl，D.）等人依据价值内化的程度把情感领域的教育目标由低级到高级分为接受、反应、价值化、价值观组织、品格形成五个层次，各个层次的含义如表4-2所示。

表4-2　情感领域教育目标层次

目标层次	含义
接受	学习者愿意注意特定的现象或刺激。例如，静听讲解、参加课堂活动、意识到智能手机应用的重要性等
反应	学习者不仅注意到某种现象，而且主动参与，作出反应。例如，积极完成教师布置的作业、参加小组讨论等
价值化	学习者用一定的价值标准对特定的现象、行为或事物进行评判。它包括接受或偏爱某种价值标准和为某种价值标准作出奉献。例如，欣赏摄影作品、在讨论问题中发表自己的观点、刻苦学习智能手机操作等
价值观组织	学习者在遇到多种价值观念呈现的复杂情境时，克服价值观之间的矛盾、冲突，对各种价值观加以比较，接受重要的价值观和价值标准，形成个人的价值观体系。例如，能克服畏难情绪，坚持学习智能手机操作等
品格形成	学习者通过对价值观体系的组织，逐渐形成个人的品格，各种价值被置于一个内在和谐构架之中，并形成一定的体系。例如，在学习过程中保持虚心求学的态度、在朋辈互助中表现出乐于分享的精神等

（三）动作技能领域教育目标分类

辛普森（Simpson，E.）把动作技能领域的教育目标由低级到高级分为知觉、准备、有指导的反应、机械动作、复杂的外显反应、适应和创作七个层次，各个层次的含义如表4-3所示。

表4-3　动作技能领域教育目标层次

目标层次	含义
知觉	学习者运用感官获得信息以指导动作。例如，背诵微信支付步骤等
准备	学习者为适应某动作技能的学习而做好心理和生理上的准备
有指导的反应	学习者在教师的指导下表现有关的动作行为，包括模仿和尝试错误
机械动作	经过一定程度的练习，学习者能以某种熟练和自信的水平完成动作。例如，能正确熟练地在微信朋友圈分享信息，能迅速在美图秀秀中编辑图片
复杂的外显反应	学习者对复杂动作模式能熟练操作。操作的熟练性以准确、迅速、连贯协调和轻松稳定为指标
适应	学习者练就的动作技能具有应变能力，能根据具体情境的需要或特殊的装置修正自己的动作模式
创作	学习者在学习某动作技能的过程中形成了一种创造新的动作技能的能力。例如，创造新的表演节目

除了布卢姆等人的教育目标分类理论外，我国教育学者对教育目标也进行了积极探索，从"双基目标"（基础知识与基本技能）发展到"三基目标"（基础知识、基本技能与基本能力），进而发展到"素养目标"。基于已有理论，老年教育智能技术类课程目标可以基于老年人数字素养框架，从知识、能力和情感三个维度加以细化。

（1）知识目标，即用于描述老年学习者在学习过程中对数字设备、软件和工具等基本知识的掌握，对应布卢姆认知目标体系中的"识记""理解""应用"层次。

（2）能力目标，即用于描述老年学习者在经历了学习活动与方法后所获得的数字应用能力，对应布卢姆认知目标体系中的"分析""综合""评价"层次以及辛普森动作技能目标体系中的层次。

（3）情感目标，即用于描述老年学习者在学习过程中对数字生活的态度和价值观，以及数字安全和伦理意识，对应克拉斯伍情感领域目标体系中的层次。

二、老年教育智能技术类课程目标的设计步骤

一般来说，课程目标的设计有着四个基本步骤：目标分解、内容分析、起点确定和目标表述。[①]老年教育智能技术类课程目标的设计同样遵循这四个基本步骤：

（一）目标分解

课程目标的分解是一个自上而下不断具体化的过程。课时目标是课程目标体系中最为具体的目标，要确定课时目标，就必须明确其上一级目标——单元目标及其相互关系；要设计单元目标，就必须明确其上一级目标——课程目标及其相互关系。所以，课程目标的确定，将为单元目标和课时目标的确定提供依据。那么，如何进行课程目标的分解？

首先，需要明确为实现课程目标，学习者必须完成的学习内容有哪些。其次，分析各项学习内容之间有着哪些关系。学习内容之间或是相对独立，或是相互平行，或是前后关系，或是递进关系。根据不同的关系，将学习内容组成单元。当然，在将学习内容组成单元时，需要同时兼顾老年人的身心发展特点以及知识间的内在逻辑，做到既适切又科学。然后，需要为每个单元编写相应的单元目标。在单元目标中，要说明学习者完成本单元学习后应能做什么，而不是教师做什么。例如，根据老年人参与数字生活的实际需要，"轻松用微信"这

---

① 黄甫全. 现代课程与教学论［M］. 北京：人民教育出版社，2011：261–262.

一老年教育智能技术类课程目标定位为希望老年学习者能掌握微信交流、微信分享、微信金融、微信管理等操作，能在不同的生活场景中灵活应用微信解决问题，形成微信便利生活的态度。在明确了课程目标后，筛选出如下课程内容（如表4-4所示）。

表4-4　"轻松用微信"课程内容

单元名称	知识要点
微信交流	微信文字交流、微信语音交流、微信视频交流
微信分享	图片分享、视频分享、链接分享、文章分享、朋友圈分享
微信金融	微信红包、微信转账、微信扫码支付、手机微信充值、微信零钱管理
微信管理	账号与安全管理、通用系统管理、个人信息与权限管理、朋友权限管理、文件收藏管理

以"微信交流"单元为例，单元目标可以进一步设计如下：

1. 知识目标

（1）能流利地说出微信交流常见的三种方式；

（2）能用自己的话准确表述微信文本交流、语音交流和视频交流的操作过程。

2. 能力目标

（1）能准确在微信文本框中输入文本信息；

（2）能准确选择微信"语音输入"按钮，输入语音信息；

（3）能准确选择微信"视频通话"按钮，接通视频通话；

（4）在对比分析微信文本交流、语音交流和视频交流的特点的基础上，能根据自己的生活需要，灵活选择任何一种方式进行微信交流。

3. 情感目标

（1）深刻感受到微信交流的灵活、方便、快捷，及其对人际交流带来的影响；

（2）建立起安全合法使用微信交流的意识。

单元目标确定后，课程开发人员可以针对单元包含的各项学习内容，确定课时目标。在确定目标时，可以按照由低到高的目标层次编排目标的先后顺序。

应用迁移

（1）参照"微信交流"单元目标设计，任意选择"微信分享""微信金融""微信管理"单元，尝试设计单元目标。

（2）在"微信交流"单元目标设计的基础上，以"微信文字交流""微信语音交流""微信视频交流"三个课时内容为例，尝试设计三个课时目标。

（二）内容分析

课时目标确定后，需要根据课时目标进行内容分析。所谓内容分析，实际上是对学习者为了达到课时目标的规定，所需学习的从属知识和经验，技能、能力、情感等及其相互关系的分析。通常的做法是，从已经确定的课时目标开始逆向提问和分析：要求学习者获得课时教学目标规定的知识、能力和情感要求，他们必须具备哪些次一级的从属知识、能力和情感？而要获得次一级的从属知识、能力和情感，又需要具备哪些更次一级的从属知识、能力和情感？这种逆向提问和分析一直进行到教学起点为止。以"微信文字交流"课时为例，要想老年学习者达到"能准确在微信文本框中输入文本信息"目标，则需要老年学习者具备"能准确找到微信文本框""会用拼音、笔画等文本输入法输入文字"两个次一级从属知识和能力，而要获得次一级的从属知识和能力，则需要老年学习者具备"能打开微信""能打开并选择文本输入法"更次一级的从属知识和能力（如图4-1所示）。

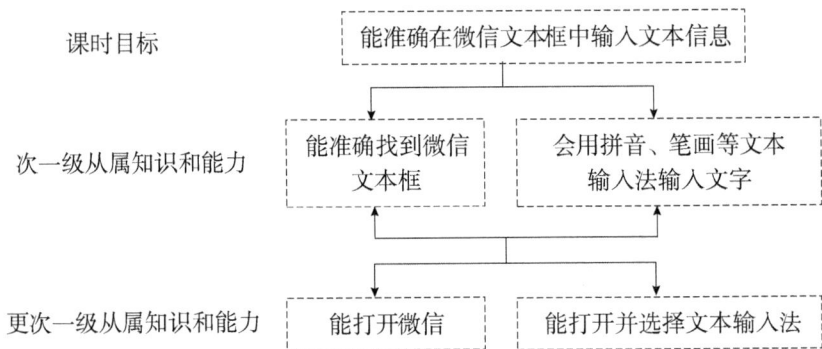

课时目标
```
┌─────────────────────────────────┐
│      能准确在微信文本框中输入文本信息      │
└─────────────────────────────────┘
```

次一级从属知识和能力
```
┌──────────────┐      ┌──────────────────┐
│  能准确找到微信  │      │  会用拼音、笔画等文本  │
│    文本框     │      │   输入法输入文字    │
└──────────────┘      └──────────────────┘
```

更次一级从属知识和能力
```
┌──────────────┐      ┌──────────────────┐
│   能打开微信   │      │  能打开并选择文本输入法  │
└──────────────┘      └──────────────────┘
```

图4-1　"微信文字交流"课时内容分析

（三）起点确定

经过学习内容分析，可以最终确定教学起点。教学起点确定，就是对学习者预备知识和技能的分析，即了解学习者是否已经掌握和部分掌握了课程目标中要求学会的知识和技能。教学起点的确定关乎课程目标的达成与否，如果教学起点定得过高，则可能课时目标定得过高，超出了学习者的实际能力而无法达成目标；如果教学起点定得过低，则可能课时目标定得过低，低估了学习者的实际能力而无法促进学习者发展。以"微信交流"单元为例，倘若老年学习者完全没有使用过微信交流功能或者对微信交流功能不熟悉，那么，"在对比分析微信文字交流、语音交流和视频交流的特点的基础上，能根据自己的生活需要，灵活选择任何一种方式进行微信交流"这一单元目标对他们来说则是过高的。因此，可以适当降低目标，调整为"能任意选择微信文字交流、语音交流或视频交流中的一种方式，体验后说说该方式的优势与特点"。除了分析学习者预备知识和技能外，教学起点的确定也需要对学习者的社会特征进行分析，如：学习兴趣、习惯、态度、心智发展水平等。只有确定好教学起点，才能更准确地设计课程目标，满足学习者的学习需求。

（四）目标表述

进行课程目标设计时，必须对学习者应达到的行为表现和内在心理状态做出具体而明确的表述，再将这些表述做类别化和层次化处理。下面特列专节对课程目标的表述进行阐述。

第三节 老年教育智能技术类课程目标的表述

清晰地表述课程目标，能为教师选择课程资源、组织课程实施和继而进行课程评价提供科学依据。要做好课程目标的表述，我们需要知道：①课程目标表述的是学习者的学习结果，而不是说明教师将要做什么；②课程目标表述应力求明确、具体，可以观察和测量；③课程目标表述应该反映学习结果的类型。有关课程目标的表述，有着不同的方法。本节将主要介绍"行为目标的ABCD表述法"和"表现性目标的表述法"。

一、行为目标的ABCD表述法

行为目标，指用可观察和可测量的行为加以陈述的目标。由于它具有具体化、精确性和可操作性的鲜明特点，对课程实施与评价有着很强的指导作用，所以在课程目标表述中占据主导地位。

（一）行为目标的ABCD表述法的四个要素

行为目标的ABCD表述法表示具体的课程目标应包含的四个要

素，是四个要素的英文单词首字母，A即"学习者"（audience），B即"行为"（behavior），C即"条件"（condition），D即"程度"（degree）。

1. 学习者的表述

课程目标的表述应注明学习者，它们是目标表述语句中的主语，如"老年学习者"。

2. 行为的表述

在课程目标中，行为的表述重要且关键，说明通过课程教学后，学习者应能做到什么，包括获取的知识、提升的能力、生发的情感等。描述行为的基本方法是使用一个动宾结构的短语，其中行为动词说明操作的行为，宾语则说明学习的内容。例如，"回忆""说出""举例""比较"等都是行为动词，在它们后面加上学习的内容，就构成了课程目标中关于行为的表述。在上述第二节关于"微信交流"单元目标中，"能流利地说出微信交流常见的三种方式""能用自己的话准确表述微信文字交流、语音交流和视频交流的操作过程"就是一种行为表述。课程目标的表述明确与否，在很大程度上取决于行动动词的可观察性和可测量性。

3. 条件的表述

条件表明学习者完成行为时所处的情境，即学习者在什么情况下完成行为。在上述第二节关于"微信交流"单元目标中，要求老年学习者"能根据自己的生活需要，灵活选择任何一种方式进行微信交流"是在"对比分析微信文字交流、语音交流和视频交流的特点"条件下进行。如果老年学习者不了解三种微信交流方式的特点，其灵活选择微信交流方式就无从谈起。

4. 程度的表述

在课程目标中，程度是行为完成质量可被接受的最低程度的衡量依据。对行为的程度做出具体描述，其目的是使课程目标具有可测量的特点。程度可以从行为的速度、准确性和质量三个方面来确定。在上述第二节关于"微信交流"单元目标中，"流利说出""准确选择"等都是行为程度的表述。

应用迁移

在完成第二节"牛刀小试"中的单元目标或课时目标设计后，请您按照行为目标的ABCD表述法，尝试对单元目标或课时目标作出表述。

作为行为目标的ABCD表述法，尽管一个完整的课程目标应包含上述四个要素，但是在具体表述目标时，往往有时可以做简化处理。例如，既然所有的课程目标的主体都是学习者，那么，学习者的表述是可以省略的。另外，并非所有的课程目标都需要列明行为条件，故有时也会省略条件的表述。但是，要想目标清晰、可评价，那么，准确的行为表述和明确的程度表述是必要的。

（二）行为目标的ABCD表述法的注意事项

在运用行为目标的ABCD表述法表述课程目标时，需要注意以下几点：

第一，课程目标的主语必须是学习者，而不是教师。在这个意义上，诸如"培养学习者……"或者"使学习者……"这样的目标表述是不恰当的。因为，这样的表述不仅指教师是行为主体，而且意味着只要教师组织了相关的教学活动，目标就可达成。这显然是不合理的。

第二，课程目标的行为动词必须是具体的，而不是抽象的。由于行为目标的ABCD表述法强调目标的具体化、精确性和可操作性，因此行为动词应具体，切忌宽泛模糊，应尽量避免使用诸如"理解""掌握"等含义不易确切把握的词语。安德森等人推荐使用下列行为动词表述课程目标（如表4-5所示）。

表4-5　描述各领域各层次教育目标的行为动词[①]

领域	层次	行为动词举例
认知领域目标	识记	识别、辨认、背诵、复述、命名、说出、写出、画出
	理解	用自己的话说出……、重述、下定义、描述、解释、概括、比较、举例、说明、总结、叙述、归纳、预测、分类、转换、表达、表述
	应用	计算、操作、使用、运用、执行、展示、选择
	分析	区分、比较、对照、分类、探索、组织、探讨、列提纲
	评价	筛选、核查、判断、分级、评价
	创造	产出、设计、创作、策划、提出、解决、制定、生成、重组、建构、组成、发明
动作技能领域目标	模仿	尝试、重复、模仿
	独立操作	完成、运用、使用、熟练操作、熟练使用、灵活运用、合乎规范地使用
	迁移创造	联系、转换、改变、创造、创作、拓展、扩展
情感领域目标	体验感受	参与、尝试、感受、注意、感知、经历、体会、体味、体验、亲历、观察、参观、调查
	反应认同	接受、认同、尊重、遵守、同意、欣赏、关注、反对
	领悟内化	形成、热爱、树立、确立、追求、坚持、履行、养成

第三，课程目标应描述行为的结果，而不是行为的过程。根据课

[①]　Anderson，L.W.，Krathwohl，D.R.. A Taxonomy for Learning，Teaching，and Assessing：A Revision of Bloom's Taxonomy of Educational Objectives［M］. New York：Longman，2001.

程目标的定义，其表示的是一种预期的学习结果。诸如"老年学习者能使用微信语音输入"是一个不妥当的课程目标表述，虽然该目标指明了主语和行为动词，但是它没有表达行为过程最终要达到的结果。因此，我们可以对其做出修改："老年学习者能按照微信语音输入的步骤，向亲朋好友成功发送至少3条语音信息"。显然，"向亲朋好友成功发送至少3条语音信息"表达了"微信语音输入"的结果。

第四，课程目标必须按照行为的结果类型加以编排，而不能混淆。在前文的介绍中，我们知道课程目标可以分为知识、能力和情感三个维度，且每个目标维度有着相应的内涵，其实质是规定了行为的结果类型。所以，在表述目标时，可以参照三个维度目标加以表述，且不可将不同维度目标相互交错。

二、表现性目标的表述法

行为目标虽然具体而明确，但它本身也存在缺点：只强调行为结果，而不关注行为表现的过程；只注意外在行为变化，而忽视内在心理和情感的变化；有时候这些内在变化是无法直接进行客观观察和测量的。为了弥补行为目标的ABCD表述法的不足，有研究者创用了表现性目标的表述法，即描述学习者在具体的教育情境、教学活动和学习活动中的个性化表现。这种目标要求明确规定学习者应参与的活动或者完成的任务，但不精确规定学习者应从教学中达到什么行为结果。例如：使用剪映工具创作一段短视频，利用数码相机拍摄一组夕阳城市照片。其中，"创作一段短视频""拍摄一组夕阳城市照片"，均指出老年学习者应完成的任务，至于达到什么结果并未指定。

表现性目标是引发的，不是规定的。它使学习者可以应用习得的种种技能去理解现在的主题，透过这个主题，学习者能扩大、完善自己的技能和理解，显示个人的特质。[①]这种目标表述法也使得课程实施与评价更具灵活性，也为老年学习者的课程学习提供个性化的发展机会。

应用迁移

在完成第二节"牛刀小试"中的单元目标或课时目标设计后，请您按照表现性目标的表述法，尝试对单元目标或课时目标作出表述。

---

① 黄甫全. 现代课程与教学论［M］. 北京：人民教育出版社，2011：265.

第五章

老年教育智能技术类课程内容的研制

在制定一个合理课程之前，我们必须确定最需要知道些什么东西；或是必须弄清楚各项知识的比较价值。[①]

——斯宾塞（Spencer，H.）

课程内容是课程得以存在和运行的核心要素。课程内容是指"经选择而纳入教育活动过程的知识、技能、行为规范、价值观念、世界观等文化总体"[②]。从总体上说，课程内容是根据课程目标，从人类的经验体系中选择出来，并按照一定的逻辑序列组织编排而成。可见，课程内容的研制，涉及课程内容的选择和组织两项重要工作。

第一节　老年教育智能技术类课程内容的选择

教育是人类社会组织帮助个人习得种族经验以缩小个人发展与

---

① ［英］赫·斯宾塞. 教育论：智育、德育和体育［M］. 胡毅译. 北京：人民教育出版社，1962：11.

② 顾明远. 教育大辞典：增订合编本［M］. 上海：上海教育出版社，1998：765.

种族发展之间差距的专门活动。在人类通过教育传递种族经验的过程中，存在着一个突出的矛盾即人类种族经验的无限丰富性与个人学习种族经验的时间、精力的有限性之间的矛盾。[①]这一矛盾决定了课程内容选择的必要性。由于智能技术发展日新月异，且在社会生活中的应用多元创新，在老年教育智能技术类课程内容开发时，首当其冲面临着"应当选择什么内容"的问题。

一、内容选择的依据

老年教育智能技术类课程内容选择受到多种因素制约。课程目标、老年人的认知需要、社会发展需要、课程内容的性质是课程内容选择的基本依据。

（一）课程目标

课程目标对课程内容的选择起着指导作用。可以说，有什么目标，便有什么内容与其相适应。课程目标是必须明确某一类学习者学习某一种课程内容时，需要达到什么程度的要求，这种要求必须是具体明晰、可以考核检测的。

以"银发潮人的智慧生活"课程内容的选择为例，该课程的目标强调让老年学习者认识智能生活的多样性，掌握不同生活场景中的智能设备与工具的使用，感受智能技术的快速发展及其对人类生活的影响。在选择课程内容时，就应当为老年学习者提供机会去体会智能技术的发展带来的多样化智能生活，选择密切联系老年人生活实际和现实社会的内容。该课程从智慧生活的十大场景出发，选择了"智慧陪伴""智能照明""智能遥控""智能安防""智能环境""智能清

---

① 河北省教师教育专家委员会. 课程与教学论［M］. 石家庄：河北人民出版社，2007：71.

洁""智能穿戴""智能关爱""智能休闲""智能出行"的内容，让老年人通过这些内容的学习，掌握智能技术的基本操作，并运用于生活实践。

（二）老年人的认知需要

老年人的认知需要，即老年人对求解未知事物的需要。老年人的已有知识经验与新知识之间的矛盾冲突将引发老年人解决问题的需要。心理学研究表明，人都有填补认知空缺、解决认知失衡和认知冲突的本能。当老年人认识到自己在某些知识方面的缺陷，产生突破已有知识的束缚的冲动，才能够致力于对未知知识的探求、发现与建构。①智能技术的发展及其在人类社会生活中的普及渗透，让老年人充分感受到只有掌握好智能技术，才能顺利接入数字社会，获得数字生活的基本生存本领，由此产生学习智能技术的冲动。因此，在选择智能技术类课程内容时，应从老年人的认知需要出发加以考虑。

（三）社会发展需要

自英国哲学家斯宾塞（Spencer，H.）提出"什么知识最有价值"的问题后，课程论领域对课程内容选择的关注与探索就从未停止。在不同的社会发展阶段，大家对这一问题的回答是不同的。在斯宾塞看来，教育是为个人的"完满生活"做准备。只有选择满足现实社会与未来社会需求的内容，才能使学习者向着"完满生活"的进化目标不断前进。这对老年教育智能技术类课程内容的选择而言更是如此。该类课程内容旨在发展老年人的数字素养，以帮助其主动应对未来数字社会生活的挑战。因此，在选择课程内容时，既要体现现实性，又要

---

① 殷建连，周友士. 创设对话情境　在对话中建构知识［J］. 教育探索，2006（4）：50–52.

凸显超越性。现实性是指课程内容要覆盖智能技术在当下社会生活中的实际应用。超越性是指课程内容要预见智能技术在未来社会生活中的创新应用。

（四）课程内容的性质

有研究者从日常层面的生活世界与精神层面的生活世界的角度出发，将课程内容区分为两种性质，一是"实用"的，二是"虚用"的。[1]"实用"的课程内容是人们的日常生活所需的内容，这些内容能够在人们的日常生活中实际运用。"虚用"的课程内容是有益于人自身精神世界完善所需的内容，这些内容能够使人们获得精神性享受。老年智能技术类课程内容的选择，实用性的内容是首要的，但是也不容忽视虚用性的内容。尽管这些虚用性内容不一定与每一位老年学习者的日常生活有着密切联系，甚至可能很少有机会运用到日常生活中，但是，通过学习这些内容可以使老年人自身精神获得丰富与提升。例如，"ChatGPT助我智能写作"课程内容，虽然并不如"学会用智能手机""轻松学微信"等课程内容一样可用于解除当下日常生活的一般困扰，但是对老年人的思维、想象和记忆等精神层面的发展与完善，以及借助智能写作获得精神乐趣与丰富精神生活是十分有意义的。

二、内容选择的原则

老年教育智能技术类课程内容的选择并非随意进行，通常应遵循适时性、适宜性、实践性和逻辑性四个原则。

---

[1] 曾文婕. 论学习内容的"实用"与"虚用"——对"教学回归生活世界"的再反思［J］. 课程教材教法，2008（4）：12-16+81.

（一）适时性原则

适时性原则是指选择的课程内容应兼具时代性和普适性，即课程内容不仅聚焦智能技术的应用领域，可适当观照新兴的智能技术应用，而且立足老年人应用智能技术的场景，可适当涉及未来场景的新颖应用。例如，"银发潮人的智慧生活"课程，既有"智能出行""智能遥控"等满足当下真实生活场景应用的内容，也有"智能穿戴"等凸显未来场景应用的内容。

（二）适宜性原则

适宜性原则是指选择的课程内容应在老年人认知能力所及的范围内，不宜过难也不宜过易。若课程内容过难，则会对老年人造成认知负荷，降低其学习自信与积极性；若课程内容过易，则难以满足老年人的认知需要，参与课程学习无异于浪费时间。

（三）实践性原则

实践性原则是指选择的课程内容应能够使老年人有机会去实践课程目标中所包含的"行为"。例如，如果课程目标要求培养老年学习者运用智能手机搜索信息的能力，那么所选择的课程内容就必须能为老年学习者提供这方面实践的机会。

（四）逻辑性原则

逻辑性原则是指选择的课程内容应在完整的基础上，体现内在的逻辑连贯。例如，可以按照智能技术应用场景的逻辑来选择课程内容，也可以按照老年人常见的数字生活问题的逻辑来选择课程内容，还可以按照智能技术由普通应用到特色应用的逻辑来选择课程内容。

三、内容选择的步骤

要做好老年教育智能技术类课程内容的选择，首先需要明确课程目标。由于老年教育智能技术类课程尚无统一的课程标准，这为该类课程目标的研制带来了困难。因此，课程开发人员应在充分调研老年学习者、数字社会生活以及老年教育学的需要基础上，将其转化为课程目标。其次，筛选出涵括课程目标的内容范围。需要注意的是，由于种种条件的限制，并不是所有的需求都可以转化为智能技术类课程的目标，对各种需求进行筛选和取舍，最后做出恰当的需求决策，是确保课程内容开发成功的重要流程。[①]在对老年教育智能技术类课程开发中调研所得的需求进行决策时，需要考虑两个问题：一是这些需求是否具有价值，能否通过智能技术类课程的实施、学习来满足；二是这些需求是否需要场地、设备、硬件与软件等的支持。

在第三章中，我们介绍了本书作者开展的"老年人智能手机使用现状与课程学习需求调查"。数据显示，有意愿参与智能手机课程的老年群体在手机使用基础上存在较大的个体差异，仅23.5%的老年群体具有丰富的手机使用经验，有15.1%的老年人的手机使用经验非常不足，只使用过手机的极少数功能。且老年人的学习需求多样，使用手机经验较为丰富的老年人倾向于学习"应用服务"等实用性的内容，如网络购物、地图导航等，希望提高运用智能手机解决生活问题的能力；而使用手机经验较为匮乏的老年人倾向于学习"基础操作"类的能力，如开机关机、拨打电话、下载App应用、连接上网等，渴望提高智能手机的基础使用能力。根据数据结果的反馈，我们确定了"学会用智能手机"的课程目标，并基于此选择相应的课程内容（如表5-1

---

① 黄健. 成人教育课程开发的理论与技术［M］. 上海：上海教育出版社，2002：153.

所示）。

表5-1　"学会用智能手机"课程目标及选择的课程内容

	课程目标	课程内容
知识目标	1．能说出智能手机的界面构成； 2．能说出智能手机的常用功能； 3．能描述智能手机系统设置的步骤； 4．能描述运用智能手机通信、摄像、下载App应用、信息搜索等操作步骤。	1．智能手机的界面认识； 2．智能手机的系统设置（如：开机关机、密码设置、网络设置、声音设置、显示与亮度设置、时间设置等）； 3．智能手机通信的使用（如：通迅录设置、拨打电话、接听电话、查看来电、信息编辑、信息发送、查看信息、回复信息等）； 4．智能手机摄像的使用（如：模式设置、照片拍摄、视频录制、查看相册、相册管理等）； 5．智能手机应用商店的使用（App搜索、下载、更新、删除等）； 6．智能手机浏览器的使用（如：搜索网络信息、下载网络信息等）。
能力目标	1．能按照操作指引，根据自己的个性需求，准确且安全地设置手机系统； 2．能按照操作指引，准确运用智能手机进行电话通信和信息通信； 3．能按照操作指引，根据自己的喜好，准确运用智能手机进行照片拍摄和视频录制； 4．能按照操作指引，根据自己的需要，准确运用智能手机搜索、下载、更新、删除App应用； 5．能按照操作指引，根据自己的需要，准确运用智能手机合法搜索、浏览、下载网络信息，并对网络信息做出批评性评估。	
情感目标	1．认识智能手机的便利性，感受数字生活无所不在，认同智能手机的使用价值； 2．形成保护手机安全和个人隐私的意识； 3．建立合法、合理使用智能手机的态度。	

应用迁移

　　请阅读参照上述老年智能技术类课程内容选择的步骤，以适合老年人学习的一门智能技术类课程为例，列出该课程的目标，以及筛选确定课程内容。

第二节　老年教育智能技术类课程内容的组织

课程内容的组织，就是将筛选出来的课程内容加以安排，建立有机联系和排列顺序，从而形成有机的课程结构。[①]从宏观层面上看，课程内容的组织主要关涉两个维度：一是课程体系中各门课程内容的组织，强调的是水平维度的门类结构；二是课程体系中不同层次的课程内容的组织，突出的是纵向维度的程度结构。从微观层面上看，课程内容的组织关注的是对一门课程所涵括内容的具体编排。在本节中，我们主要阐述微观层面的课程内容组织。

一、内容组织的取向

课程内容的组织不是一个价值中立的过程，而是要受到一定的教育价值观的支配。根据普惠教育、赋权增能、体验学习的老年教育价值观，可以将老年教育智能技术类课程内容组织区分为三种基本取向。

（一）学习者取向的课程内容组织

老年人作为特殊的成人学习者，在心理发展、学习特征上有着独特性，且对智能技术的学习需求存在较大差异。因此，学习者取向的课程内容组织就是围绕老年学习者的兴趣、需要、心理逻辑等组织课程内容，把适应老年学习者的共性需求与个性差异尽可能结合起来，满足老年学习者的学习需求，鼓励老年学习者主动学习，建立自己独特的知识结构。

---

① 黄甫全. 现代课程与教学论［M］. 北京：人民教育出版社，2011：281.

（二）社会生活取向的课程内容组织

老年人学习智能技术类课程，不在于掌握智能技术的深奥原理，而在于学会智能技术的灵活应用，以帮助自己轻松应对数字生活的问题，积极顺应数字生活的发展。因此，社会生活取向的课程内容组织就是围绕老年人在数字社会中面临的诸多生活问题组织课程，强调对数字社会生活的适应。

（三）综合取向的课程内容组织

事实上，任何取向的课程内容组织都具有综合的性质。很少有人仅从学习者取向或者社会生活取向来组织老年教育课程内容，而是越来越倾向于将二者有机统一起来，达至彼此间的协调与整合。综合取向要求课程设计者和开发者，最大限度地把共性与个性、现实与未来、理论与实践结合起来，尽可能找到这些维度之间的平衡点、结合点，从而满足大多数学习者的基本需求。

二、内容组织的策略

针对智能技术类课程的特点以及老年人的学习心理，老年教育智能技术类课程内容组织可以采用"逆向设计""情境模拟""问题导向""普惠实用"四种策略。

（一）逆向设计策略

课程论专家泰勒曾指出"教育目标成为教学设计的标准与出发点。通过它，教学材料得以选择，教学内容得以成形，学习指导过程得以发展……教育目标陈述的目的在于确定学习者将要发生的变化，以此来设计各种活动并使之指向既定的目标"。[1]教育目标，即课程目

---

① Tyler, R.W.. Basic Principles of Curriculum and Instruction [M]. Chicago: The University of Chicago Press, 1949: 145.

标，对课程内容的组织至关重要。逆向设计是在确定课程目标后，考虑什么样的学习成果能够证明课程目标的实现，并在此基础上编排内容逻辑结构与呈现顺序的一种课程内容组织策略。所以，逆向设计也称为"成果导向设计"。运用逆向设计策略组织老年教育智能技术类课程内容的做法如下：

1. 确定课程产出成果

富尔克斯（Fulks，J.）认为学习成果是期望学习者在经过学习后应该取得的具体的、可测量的目标和结果。这些成果应该包括知识（认知的）、能力（行为的）与态度（情感的）。老年教育智能技术类课程具有实用性、易用性、真实性的特点，其产出成果不仅应关注"知不知道"，而且应强调"会不会做"。因此，具体可见的行为表现是这类课程的产出成果。老年人是否能完成产出成果是衡量课程目标是否达成的重要依据。以"学会用智能手机"课程中"能按照操作指引，根据自己的需要，准确运用智能手机合法搜索、浏览、下载网络信息，并对网络信息做出批评性评估"这一目标为例，可以确定老年人需要完成的产出成果要求有：能够搜索一篇有关老年人健康养生的新闻、能够下载一个打八段锦的视频、能够保存有关广东靓汤教程图片等。

2. 依据产出成果筛选内容

明确课程产出成果后，课程开发人员可以反向推理出老年人应学习的课程内容有哪些。例如，为了能够让老年人学会搜索一篇有关老年人健康养生的新闻，那么，老年人应学习什么呢？要学会利用智能手机搜索网络信息，其前提是需要知道网络信息搜索的途径（即浏览器搜索或专门搜索软件）、方式（即关键词搜索或类目搜索）以及对信息真假的判断方法。因此，在选择课程内容时，关于智能手机浏览器的介绍、专门搜索软件的介绍（如：央视新闻、今日头条、小红书、抖音等）、关键词搜索、类目搜索以及虚假信息辨别方法等都应纳入课程内容的范围。

3. 组织内容逻辑与呈现顺序

确定了大致的课程内容后，课程开发人员可以根据老年人的学习特征和身心发展特点，思考哪些内容先呈现、哪些内容后呈现；是先呈现简易操作步骤再辅以任务，还是以任务串讲操作步骤；是以文字的方式呈现，还是以图片的方式呈现，抑或是图文并茂。对于老年人而言，由于网络信息接收滞后与相对匮乏，使之更容易成为标题党、虚假信息的受害者。因此，除了按照网络信息搜索的操作逻辑组织内容，还应在其中穿插且以突出的方式重点呈现虚假信息辨别方法的内容，引起老年人的注意，教会老年人不信谣、不传谣，并学会批判性地评估和使用网络信息。

（二）情境模拟策略

杜威认为"思维是从直接经验开始的，人们只有沉浸于不确定的情境中，才能引起积极探索与思考的强烈动机。同时，情境使得学习任务与学习者经验之间产生有意义的联系，促进知识、技能和经验之间产生连接"。[①]老年人学习智能技术是在与情境的互动中建构的，最终目的是使老年人能成功地解决未来社会生活情境中的复杂问题。既然学习的目的是"为了真实情境"，那么学习就应该"根植于真实情境"。乔纳森（Jonassen，D.）认为，情境是指能够作用于人的思维并引起情感变化和行为活动的时空环境，具有复杂性、真实性和多样性等特点。情境模拟是围绕老年人使用智能技术的实际或可能情境组织

---

① Choi，J.，Hannafin，M.. Situated Cognition and Learning Environments：Roles，Structures，and Implications for design［J］. Educational Technology Research and Development，1995，43（2）：53–69.

内容的一种策略。

情境是问题发生的环境或背景，是承载问题结构和内容的载体。情境的作用有三方面：一是呈现真实问题发生的背景（如时间、空间、环境特征）；二是提供问题解决应当考虑的限制性条件或线索（如问题解决的资源、条件限制、问题相关信息的来源等）；三是提供学习者提取领域知识的相关线索。[①]运用情境模拟策略组织老年教育智能技术类课程内容的做法如下：

1. 明晰老年人使用智能技术的场景

这种策略的前提在于优先选择老年人使用智能技术的高频场景，分析在场景中老年人遇到的常见问题。这样不仅有助于增强老年人对智能技术应用领域的认识，而且有利于提高老年人对智能技术应用的"代入感"。图5-1为老年人使用智能技术的常见场景。据调查，老年人在不同场景下使用智能技术的能力有所差异。截至2021年，能够独

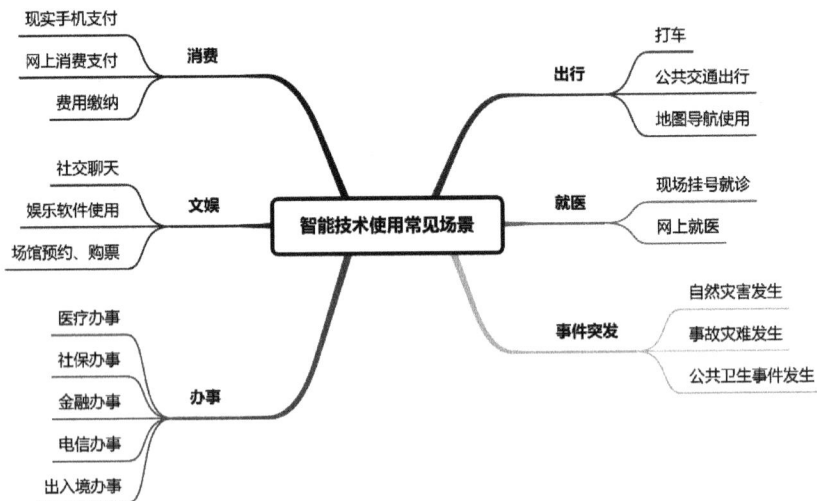

图5-1　老年人使用智能技术的常见场景

---

① 马志强. 问题解决学习活动中批判性思维发展的特征［J］. 现代远程教育研究，2013（2）：31-37.

立完成网上消费支付、信息查询（如地图导航的使用）等网络活动的老年人相对较多，占比分别为52.1%和46.2%；而能够自主完成打车、购票、现场挂号就诊等网络活动的老年人相对较少，分别占比34.8%、33.9%和33%。[①] 由此表明，老年人亟须深入学习出行、文娱和就医等场景的智能技术应用方法。

2. 分析应用场景中可能发生的行为

挖掘智能技术应用场景中可能发生的行为，这些行为表现可以转化为老年人需要学习的课程内容。其中，行为之间的关系将影响课程内容的选择与组织。如果行为之间存在先后顺序，则需要依次呈现；如果行为之间没有明显的先后顺序，则可以并列呈现。以网约车为例，主要包括叫车、支付、评价、突发事件处理等行为。其中，叫车行为有着一定的顺序，一般先定位出发地与目的地，接着选择打车模式，然后根据需要联系司机或者取消订单。

3. 精心设计情境

情境设计应涵盖三个基本要素：事件、人物、情节。首先，创设情境事件，其目的是交代事件发生的背景（如时间、地点等）。其次，设计人物及其关系。为了更好地拉近与老年学习者的距离，增加身临其境之感，事件中的主角人物必须为老年人，且主角人物与其他人物之间的关系可以从老年人日常的社会关系出发加以设定，如子女关系、配偶关系、亲戚关系、邻里关系等。然后，详细描述事件情节。情节是由人物引发的，出场的人物及其关系、人物所处的场景设计是开展事件情节设计的前提。由场景中的人物引发的一个个行动串联起来则构成了事件情节。事件情节是具有内在因果性的，但其归因

---

① 中国互联网络信息中心. 第49次中国互联网络发展状况统计报告〔EB/OL〕.〔2022-2-25〕. https://www3.cnnic.cn/NMediaFile/2023/0807/MAIN1691372884990HDTP1QOST8.pdf.

并不以"因为……所以……"或"原因在于一、二、……"的形式进行。前面发生的行动解释当下的行动，每一个行动都连着之前的行动。[①]对于情节的处理可以有两种做法：一种是直述法，即直接描述事件中的人物是如何利用智能技术解决事件中出现的问题；另一种是代入法，即让老年学习者假定是事件中的人物，当面临着与事件中的人物同样的事件问题时，其会如何利用智能技术解决。

需要注意的是，情境设计应体现三个特点：一是真实性。情境尽量贴近老年学习者的日常生活场景，以激发老年学习者的学习兴趣。二是典型性。情境切忌泛化，应有针对性，能帮助老年学习者建立起情境与知识之间的联系。三是启发性。情境应能促进老年学习者的思考与迁移，驱使其产生智能技术应用的积极体验活动。

深度思考

在"银发潮人的智慧生活"课程中，在"智能环境"主题中，为介绍温湿度传感器，设计了如下情境。请您分析该案例是如何运用情境模拟策略组织"温湿度传感器的使用"这一内容，您是否有更好的建议？如果有，请您对该案例作出改写。

梅雨季节，王姨和李叔走到住宅楼下的电梯间，看到墙壁都在"流汗"，地上也是湿答答的。李叔叹了一口气："这天气，难为我这老风湿了！估计家里也是一摊水了吧！"让李叔意外的是，老伴把房门一开，家里一点潮湿的感觉都没有，空气干爽宜人。王姨笑着说："这是我又一个新潮作品！哈哈！"

原来，家里的空调接入智能家居之后，王姨就新增了一个温

---

① 刘子曦. 故事与讲故事：叙事社会学何以可能——兼谈如何讲述中国故事 [J]. 社会学研究，2018，33（2）：164–188+245.

湿度的传感器。传统的空调只能通过不间断的开机状态，来实现温度或者湿度的相对恒定。虽然空调本身有温度探测，有些空调也有湿度探测功能，但探测器在空调主机上，对房间的感知能力是不足的。而且长时间的开机状态，也会增加能耗，需要更多的电费支出。如果要实现智能的温湿度控制，就需要增加一个温湿度的传感器。传感器根据对温湿度的感知结果，向家里的空调等设备发出调整环境的指令。像这样的梅雨季节，当传感器监控到湿度超过80%，就会自动启动空调的除湿功能，当湿度降到50%以下，空调会自动关闭。由于王姨在出门前已经设定好温湿度传感器的湿度控制范围，加之房间是关闭的状态，所以在不怎么耗电的情况下，房间的湿度能保持在一个比较舒适的范围内。这就是智能环境控制给我们生活带来的便利！

李叔接着问：“那如果是大冬天，是不是也可以通过这个传感器来遥控家里的加湿器？”“哈哈，你这个脑袋终于开窍啦！”王姨戏谑道，“是啊，通过温湿度传感器，可以实时探测室内的温度与湿度变化，将家里空调、除湿机、加湿器都联动起来，让我们的环境更舒适呢！”

（三）问题导向策略

心理学研究表明：问题意识是思维的起点，没有问题的思维是肤浅被动的思维，只有当个体活动感到自己需要问“为什么”“是什么”“怎么办”的时候，思维才真正启动。老年人的学习并非被动接受，本质上是一个主动思考和建构的过程。当老年人在不断解决问题的过程中习得知识，将会使其产生强烈的学习投入和自我效能感，且乐意付诸行动。问题导向是以若干问题引导内容有序呈现的一种策略。

按照不同的分类方法，研究者将问题划分为多种不同类型的问题。例如，按照学习者认识事物的发展过程来分类，有研究者将问题分为老问题、新问题、疑难题。老问题从学习者已经掌握的知识内容中产生，新问题包含学习者尚未学习过的新知识内容的疑问，疑难题是难度大、学习者不容易解决的问题。[①]依据布卢姆认知领域教育目标分类，有研究者把问题分为识记类问题、理解类问题、应用类问题、分析类问题、综合类问题和评价类问题。由于布卢姆的教育目标分类带有层级性，反映认知水平的程度，所以可以进一步将问题归纳为低层次思维的问题（前三个层次）和高层次思维的问题（后三个层次），各类问题的用法如表5-2所示。根据问题的开放程度，有研究者认为问题可以分为简易问题、中级问题、深度问题。[②]简易问题通常以类似"谁""哪里""是什么""什么特点"等"What"问题发问，中级问题通常以类似"如何""怎样"等"How"问题发问，深度问题通常以"假设什么，就会怎样""你的推断是什么""你的依据是什么"等"Why"问题发问，该类问题易于产生思维迁移（角色迁移和情境迁移），使学习者获得创造性的知识。[③]根据问题的答案情况，有研究者将问题分为聚敛性问题和发散性问题。[④]聚敛性问题只有一个答案，且以简短的话语即可回答；发散性问题没有固定答案，且需要教

---

① 胡小勇，祝智庭. 教学问题设计研究：有效性与支架［J］. 中国电化教育，2005（10）：49-53.

② 尹睿. 小学现代教育技术应用［M］. 北京：中国人民大学出版社，2023：106.

③ 胡小勇，祝智庭. 教学问题设计研究：有效性与支架［J］. 中国电化教育，2005（10）：49-53.

④ ［美］凯·M. 普赖斯，卡娜·L. 纳尔逊. 有效教学设计——帮助每个学生都获得成功：第4版［M］. 李文岩，等译. 北京：中国人民大学出版社，2016：49.

师给予学习者启发，引导其作出充分回答。

表5-2 依据布卢姆认知领域教育目标分类划分的问题类型及其用法

问题类型		用法
低层次思维的问题	识记类问题	一般用在新课开始或者某一概念、原理、规律的学习初期使用，起到对旧知的回顾
	理解类问题	一般用在对某个概念或规律的讲解之后，起到对新知识和技能的检查作用，或者引导学习者深入思考抓住问题的本质，抑或加深对易混淆概念或相近概念的理解
	应用类问题	一般用于检查学习者是否能应用所学概念、原理、规律解决实际问题
高层次思维的问题	分析类问题	一般用于帮助学习者分析清楚各要素之间的关系，培养学习者分析问题和解决问题的能力
	综合类问题	一般用于让学习者多角度运用所学概念、原理、规律等，通过分析、归纳和概括等，对相关材料进行综合思考，以发现知识之间的内在联系，从而得出一定的结论
	评价类问题	一般用于要求学习者回答对有争议问题的看法、评价他人的观点、判断方法的优劣等

运用问题导向策略组织老年教育智能技术类课程内容的做法如下：

1. 设计情境问题

正如前文所述，只有创设尽可能接近老年人生活场景的智能技术应用情境，才能最大限度地建立起老年人已有认知、经验与新知之间的联系，才能最大化调动老年人学习智能技术的积极性。在情境中，导出问题，引起老年人的认知冲突，进而启发老年人思考。问题既是学习对象，又是学习线索。问题不一定只有一个，可以是环环相扣的问题组成的"问题链"，借助问题链将内容有机串联起来。在呈现问题时，应注意问题之间的关系，以此决定问题呈现的顺序。一般来说，问题之间的顺序有两种：一是并列关系，即呈现的若干问题所涉及的知识是相对独立的；二是递进关系，即前一个问题所涉及的知识是后一个问题解决的基础，如对于"智能音箱有什么功能"与"智能音箱怎么选购"这两个问题，前一个问题的解决是后一个问题解决的基础。

2. 设计问题解决方案

问题解决方案是运用智能技术相关知识去探索情境中的问题如何得以解决的具体做法。它既包括对问题的分析，帮助老年人确立解决问题的思路；也包括对智能技术相关知识的阐述，引导老年人获得正确运用智能技术解决问题的方法。从知识属性来看，问题解决方案涉及的做法可以是陈述性知识或是程序性知识。从知识关联来看，这些做法可以是老年人将要学习的新知，也可以是老年人已经具备的旧知与新知的结合。例如，"人人爱摄影"课程关于"如何用数码相机拍摄画面清晰的照片"主题的学习，首先开门见山地引入情境问题"许多摄影初学者在学习数码相机拍摄的过程中，都会遇到一个问题：为什么我拍摄的画面模糊？究竟是什么原因？"其次围绕问题，从跑焦、快门不当、手抖三个方面分析问题原因，然后分别从如何正确对焦、如何控制快门、如何正确持机三个方面的程序性知识给出问题解决的做法，当中穿插对对焦、快门的陈述性知识进行介绍。

（四）普惠实用策略

积极老龄化要求"最大限度地提高老年人健康、参与和保障的水平，确保所有人在老龄化过程中能够不断提升生活质量"①。在智

---

① World Health Organization. Active ageing：A policy framework［EB/OL］.［2023-01-18］.https://apps.who.int/iris/handle/10665/67215.

能技术快速发展的时代，"数字鸿沟"已经对老年人的生活造成了影响。要缩小老年人存在的"数字鸿沟"，需从老年人自身的能力建设入手。[①]普惠实用是一种体现"广覆盖、保基本、合标准"的课程内容组织策略。该策略体现两层含义：一是课程内容的适用对象具有普及性。身处劣势状况的人能否享受到较为公平的受教育机会和学习能力，日益成为评判所在地区的公民受教育权、学习权以及人权的重要指标。[②]老年人作为社会弱势群体，存在生理机能衰弱、学习能力减弱等现象。因此，保障老年人的学习权，这不仅是推动社会走向可持续发展的重要方式，也是建设学习型社会的必然要求。[③]智能技术教育要坚持公平与公共属性，尊重每一位老年人的学习权，让老年人都能够享受到智能技术带来的红利。二是课程内容的范围具有全面性，要更加关注老年人不同层次的学习需求。老年人学习智能技术究竟是为了老有所学？还是老有所乐？抑或是老有所为？不同层次的学习需求在一定程度上决定了课程内容组织的深度与广度。

因此，运用普惠实用策略组织老年教育智能技术类课程内容的做法如下：

1. 老年群体的分类

根据适度普惠型社会福利的要求，普惠实用型的学习内容要面向一定区域中的所有老年人。由于不同特征的老年群体对智能技术学习的需求存在差异性，不同的学习内容也具有不同特性，因此，采用普惠实用策略时，需要先对老年群体进行分类，明晰不同老年群体的

---

① 杨菊华. 积极应对人口老龄化：何以可能与何以可为 [J]. 中共中央党校（国家行政学院）学报，2022（6）：61-72.

② 尹力. 学习权保障：学习型社会教育法律与政策的价值基础 [J]. 北京师范大学学报（社会科学版），2010（3）：70-78.

③ 马丽华，王倩然，程豪. 老年学员网络学习能力差异研究——兼论基于学习权视角的对策建议 [J]. 中国电化教育，2018（9）：109-116.

需求。

依据老年教育学，全体老年人可以分为内向老年人（inactive aged person）与活跃老年人（active aged person）两类。[①]内向老年人与活跃老年人在能力培养、提高生活质量和生活满意度上皆呈现出不一样的特征：第一，在培养能力方面。针对活跃老年人要提高他们的智力和身体能力、独立行为能力，发展他们的业余爱好和兴趣；针对内向老年人要提供生活条件以提高其生活满意度，保护他们的身体和精神能力、独立行为能力和对爱好的坚持。第二，在社会贡献方面。针对活跃老年人要促进他们参与社会生活，使其能够在社会中发挥作用；针对内向老年人要帮助他们日益关注社会生活，认识其他人，寻找对话者，接受社会情境。第三，在问题解决方面。帮助活跃老年人适应新事物、应对新挑战，并改善他们对新生问题的思考方式；对内向老年人进行"个人重要事情的解决、现有事务的充分使用"等方面的教育。

综合以上的特征，在智能技术教育领域，对于内向老年人，提供基础的智能技术课程以保障他们在基本生活中能够独立使用智能技术，使得他们老有所学，满足他们的生存需求；对于活跃老年人，帮助他们紧跟新兴智能技术的发展，深入了解与应用智能技术，培养他们的业余爱好和兴趣，使得他们老有所学、老有所乐甚至是老有所为，满足他们的关系需求和发展需求。

2. 老年群体学习需求的诊断

利用调查的方式了解老年群体的学习需求，尽可能对不同类型老年群体的学习需求进行精准刻画。例如，前面所提到的本书作者以"智能手机应用"为切入点，采用自编"老年人智能手机使用现状与课程学习需求调查问卷"，选取G省G市11区参与老年教育的2004名学

---

① Maderer, P., Skiba, A.. Integrative Geragogy: Part 1: Theory and Practice of A Basic Model [J]. Educational Gerontology, 2006 (32): 125-145.

员开展的较大规模调研，其目的就是希望通过了解该地区老年群体的学习需求有针对性地开发老年教育智能技术类课程。

3. 需求与内容的匹配

面对同一学习主题，内向老年人和活跃老年人所需要达到的能力层次有所不同。因此，课程开发人员需要对课程内容的层次进行划分。根据老年群体分类，我们可以按照圈层的方式来划分内容层次（如图5-2所示）。

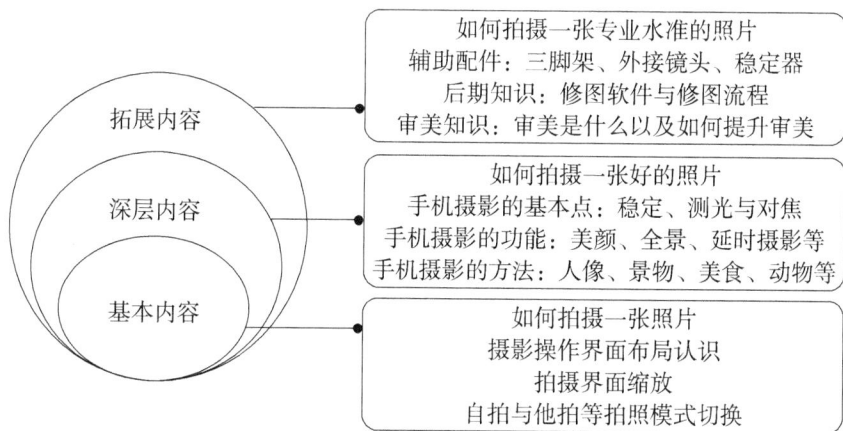

图5-2　以圈层的方式划分内容层次（以"人人爱摄影"课程为例）

（1）基本内容

最小的圆圈是课程内容中最为基础的部分，是老年人应当完全理解并内化成本能的内容，为内向老年人主要掌握的内容。这些基础内容具有迁移性，老年人掌握了这些内容后便能将其应用到真实场景中，满足其生存需求。在"人人爱摄影"课程中，基础内容组织的目标是学会如何拍摄一张照片。所以，摄影操作界面布局的认识、拍摄界面缩放、拍照模式切换等是基础内容的关键知识要点。掌握这些内容方便老年人在办理就医、社保及其他金融事务等场景时提交证件拍照信息，为老年人日常生活带来便利。

（2）深化内容

中间层圆圈表示的是深化内容，是满足老年人的发展需求，让老年人在灵活运用智能技术的体验活动中提升获得感、满足感，学习主体主要为活跃老年人。在"人人爱摄影"课程中，深化内容组织的目标是学会如何拍摄一张好的照片。这关涉手机拍摄的基本点、功能和方法等知识。掌握这些内容能让老年人的摄影之旅充满创意和享受。

（3）拓展内容

最外层圆圈表示的是拓展内容。老年人通过深入探究智能技术，求得新知，充实自我，甚至可以将智能技术的运用发展成自己的一技之长，满足内心深处的自我实现价值。在"人人爱摄影"课程中，摄影辅助配件的使用、照片后期处理的方法以及审美的知识，都是为老年人能够拍摄出专业水准的照片做准备。

第三节　老年教育智能技术类课程材料的开发

课程材料是指课程开发过程中人们专门编制的用于规划、实施、教学、评价与管理活动的所有的产品总和，包括各种课程产品、教学资料和管理文件。[①]课程材料是课程内容研制的物化形态。从根本上说，课程材料是实现课程目标的中介和手段。课程材料种类多样，且随着信息技术的应用，逐渐走向多媒体化、数字化和网络化。教材、

---

① 黄甫全. 现代课程与教学论［M］. 北京：人民教育出版社，2011：230.

讲义、多媒体课件、微课、网络课程都可以纳入课程材料的范畴。本节我们主要介绍教材和微课两种形式的课程材料。

一、教材开发

说起"教材"，很多人马上会联想到"课本"。从广义上说，教材指的是教学材料（teaching materials），是教学活动中教师用来与学生交流的所有天然或人造物品，[①]包括课本、讲义、参考书、教学辅助材料、课件、教案、教具等。也就是说，教材是包含课本在内的所有教学材料，其含义比课本更为广泛。因此，除了课本以外，教材开发还应包括配套的教学辅助材料、课件等材料。

（一）教材的编排方式

一般来说，教材的编排方式有直线式和螺旋式两种。[②]

1. 直线式排列方式

直线式排列方式是对教材内容采取环环相扣、直线推进、不予重复的排列方式。这种教材编排方式能避免内容不必要的前后重复。现行的老年教育智能技术类课程的教材基本上是直线式排列方式。

2. 螺旋式排列方式

螺旋式排列方式是针对学习者的接受能力，按照繁简、深浅、难易的程度，让教材的基本概念和基本原理分层次地重复出现、逐步扩展、螺旋上升的排列方式。这种教材编排方式有助于加深学习者对基本概念、基本原理的理解和巩固。在"人人爱摄影"教材中，在讲

---

① ［英］德里克·朗特里. 英汉双解教育辞典［M］. 赵宝恒，等译. 北京：教育科学出版社，1992：505.

② 黄甫全，吴建明. 课程与教学论［M］. 北京：中国人民大学出版社，2019：29.

述相机拍摄和手机拍摄时，都重复强调稳定、对焦、测光三个拍摄的基本点。只不过，在相机拍摄部分，关于这三个点的阐述是通过分析问题照片的方式展开的。而在手机拍摄部分，对于这三个点的介绍是以注意事项的方式展开的。类似的例子还有，在讲述旅游摄影时，提到要灵活运用光的方向，进一步指出什么是顺光、侧光、侧逆光、逆光，以及这四种光的不同运用有什么特点。后续在讲述人物摄影时，再次强调光线运用的重要性，且对比四种用光的人物拍摄效果。通过这样有层次的螺旋式重复，有助于老年学习者对相机拍摄和手机拍摄的基本点以及不同主题拍摄的关键点留下深刻印象。

（二）教材开发的新走向

随着移动终端的普及，移动阅读与泛在阅读等电子阅读方式悄然兴起。对于老年教育来说，传统纸质教材虽然仍占据主要市场，但是数字教材也初见端倪。数字教材是以课程内容的结构逻辑为主线，融合文本、图形、声音、动画、视频等富媒体信息，且可以运行在台式电脑、平板电脑等终端设备上，与课本编排风格一致的电子书。[①] 基于数字教材内容媒体的丰富性、交互性、动态性的差异，老年教育数字教材主要有两种类型：静态媒体数字教材和多媒体数字教材。

1. 静态媒体数字教材

静态媒体数字教材是以文本、图形、图像等无交互特性的静态媒体作为主要内容形式的一种数字教材。这类数字教材是由纸质教材直接转化而来，且与纸质教材保持一致的版式。从本质上说，静态媒体数字教材就是一种电子课本，相当于课本的"简单电子化"。这类数字教材的媒体形式简单，与纸质教材相比没有特别明显的优势。

---

① 尹睿. 小学现代教育技术应用［M］. 北京：中国人民大学出版社，2023：115-116.

2. 多媒体数字教材

多媒体数字教材是在文本、图形、图像等静态媒体的基础上，根据内容特点与需求，增加视频、音频等媒体资源，并使各种媒体有效整合，生动形象地呈现知识内容的一种数字教材。这些多媒体资源通过嵌入式或独立窗口的方式完美地整合进教材的文字中，拓展课程教学的内涵和空间，让多种媒体学习资源相对独立而又共同地存在于同一个数字教材中。这种类型的数字教材有两种形式：一种是在纸质教材的基础上，根据内容表达需要，以二维码方式接入多媒体资源。另一种是在电子课本的基础上，以网址链接方式整合多媒体资源。多媒体数字教材的媒体信息丰富，在开发时尤其要注意老年人的数字阅读习惯，否则容易使老年人产生迷航，进而对课程内容之间的联系产生割裂感。

拓展阅读

随着数字教材开发技术的发展，富媒体数字教材和智能型数字教材逐渐走进人们视野。

富媒体数字教材是在多媒体数字教材的基础上，利用媒体标记语言、脚本控制语言等增强媒体资源的交互性，实现媒体数据之间的交换的一种数字教材。[①]这种类型的数字教材通常不仅整合了多种媒体类型，而且还融入沉浸式技术、人工智能技术等新技术，实现丰富多样的表现形式，如：三维展示、增强现实、虚拟仿真等，实现老年人与媒体资源之间自然丰富的人机交互，提升老年人的沉浸感、参与度和资源黏合度。

---

① 胡畔，王冬青，许骏，等. 数字教材的形态特征与功能模型［J］. 现代远程教育研究，2014（4）：93-98+106.

智能型数字教材是以数字教材和智能学习平台为支撑，以提升教学效率和个性化为目的，具有知识结构图谱化、资源组织系统化、学习数据可视化、学习管理智能化的形态特征，集成智能终端、数字化资源、教与学工具、学习社群、学习路径规划、教学策略实现等的组合系统，其本质是基于数字教材的自适应学习系统。[①]

受老年人数字素养水平的限制，这两种新型的数字教材在老年教育领域仍不多见。而且对课程开发人员来说，这两种新型的数字教材的开发难度大、技术要求高。但是，在"智慧助老"的新形势下，从老年人学习智能技术知识转向借助智能技术助力老年人学习将是数字教材开发的新思路。可以说，这两种新型的数字教材具有巨大的开发前景。

二、微课开发

随着移动技术、视频压缩与传输技术、网络带宽与速度、视频分享网站等技术的进步和普及应用，以视频为主要介质的微课常态化应用在老年教育中成为可能。

（一）微课的概念与特点

微课是以阐释某一知识点为目标，以短小精悍的在线视频为表现形式，以学习或教学应用为目的的在线教学视频。[②]微课有着明确的教学目标，反映着教师如何借助视频的形式呈现内容教学的完整过程。

---

① 张治，刘德建，徐冰冰. 智能型数字教材系统的核心理念和技术实现［J］. 开放教育研究，2021（2）：44-54.

② 焦建利. 微课及其应用与影响［J］. 中小学信息技术教育，2013（4）：13-14.

"微"是微课的外在表现，"课"是其本质内涵。[1]众所周知，微课具有短、小、精、悍的特点。对于老年教育而言，微课的四个特点更是有着鲜明表现。

1. 短

微课的"短"，指的是时间短，5～10分钟最佳，最长不宜超过20分钟。应用于老年教育课程教学的微课，在"短"这一特点上表现得更为凸显。老年人的注意力的稳定性较差，且记忆力出现一定的衰退，要想在短时间内吸引老年人的注意力，并使其达至对内容的记忆和理解，微课的时间最好控制在10分钟左右为宜，这样效果更佳。

2. 小

微课的"小"，有两层含义：一是指内容微小，一般以某个具体的知识点为宜，而不是抽象、宽泛的面。二是指容量小，不仅适合网络传输和在线播放，而且方便下载保存到终端设备，满足老年人随时随地学习的需要。

3. 精

微课的"精"，指精心且精良的设计。由于微课的本质内涵是"课"，需要重点突出、特色鲜明，这需要课程开发人员进行精心设计。此外，由于老年人在听觉、视觉等感知觉变化上、注意力的持续性上以及短时记忆的保持度上有变化，因此课程开发人员更需要精良的设计，以符合老年人的认知规律。

4. 悍

微课的"悍"，指质量好，效果好，影响力大，应用面广。包括设计理念好、内容组织好、呈现形式好。好的微课应该在较短的时间内达成教学目标，让更多的老年学习者喜欢。由于微课是以学习或

---

[1] 尹睿. 小学现代教育技术应用［M］. 北京：中国人民大学出版社，2023：79.

教学应用为目的，质量好的微课，至关重要，不仅有利于提高学习效率，还有利于提高课堂教学效率。

（二）微课的类型

按照不同的角度看，微课有不同的类型。

1. 按照制作方式不同来分

若按照制作方式不同来分，老年教育微课可以分为摄制式、录屏式、动画式以及混合式四种类型。

摄制式微课是通过摄像机、智能手机、网络摄像头等外部设备，对教师及讲解内容、学习过程等真实情境摄制下来的教学视频。例如，"手机摄影的优点"微课就是摄制式微课（如图5-3所示）。

图5-3　摄制式微课（以"手机摄影的优点"为例）

录屏式微课是利用录屏软件录制通过PPT、智能手机等形式呈现内容的教学视频。

动画式微课是以动画形式生动、形象、直观地呈现内容的教学视频。这类微课的呈现效果最具吸引力。

混合式微课是指应用上述提及的多种制作方式来编辑、合成的教学视频。这种方式制作的微课表现力较为丰富，但是耗时较长，需要课程开发人员掌握且能灵活运用多种制作技术。例如，"智能照明"微课就是属于混合式微课。该微课先以动画形式呈现李叔在夜间开启家里智能灯的两个生活场景，然后以录屏形式讲解感应式照明、交互式照明和场景式照明三个知识要点（如图5-4所示）。

图5-4 混合式微课（以"智能照明"为例）

2. 按照教学内容不同来分

若根据教学内容不同来分，老年教育微课可以分为理论知识型和技能操练型两种类型。前者以理论知识的讲授为主，且讲授的形式灵活多样。例如，在"手机摄影的优点"微课中，课程开发人员采用事例分享、观点诠释的方式来讲解手机拍摄的优点：轻便、快捷、便于分享、可玩性高。后者主要针对数字设备、软件的操作性知识进行演示。这种类型的微课要求操作步骤清晰、操作要点明确、操作细节突出，最好使用视觉提示（如色码、放大的字体等）来突出重要的操作性知识，以起到提高老年人注意力的作用。

（三）微课开发的过程

老年教育智能技术类课程的微课开发包括内容选择、过程设计和形式实现三个基本过程。

1. 内容选择

微课是一种以在线视频形式表达的课程材料，因此，在选择微课内容时，我们需要思考一个问题，就是该内容是否适合以在线视频形式传播？一般而言，对于那些需要借助多媒体信息表达事实的知识或者展现智能技术操作过程的知识，可以考虑设计成微课，以此最大限度地发挥视频传播知识的价值。

"小"是微课的特点之一，所以，在选择微课内容时，我们应遵循最小粒度原则，即选择颗粒度小且具体的知识点。通常可以是一个问题、一个概念、一个原理、一个操作等。为了保持老年人注意的稳定性，选择的内容应尽量具有实用性、趣味性和丰富性。同时，为了帮助老年人建立系统认知，可以设计主题系列微课。例如，为了增强老年人使用智能手机的安全意识，可以设计成以"智能手机安全知多少"为主题的系列微课，其中包括"二维码都能扫吗？""App应用都能下载吗？""WiFi都能连吗？""网址链接都能打开吗？"等若干个微课。在选择微课内容时，我们还需要遵循自包含原则，即每一个微课都是一个相对独立而完整的知识组块，相互之间不一定有严格意义上的前后逻辑关系。这样做的目的是考虑到老年人的记忆力特点，保证他们可以随机进入任何一个微课进行学习，真正做到"哪里不会点哪里"。

拓展阅读

注意的稳定性是指注意集中在一定对象上的持续时间。注意维持的时间越长，注意越稳定。在稳定注意的条件下，感受性也会发生周期性的增强和减弱，这种现象称为注意的起伏。影响注意稳定性的因素：①注意对象的特点。对内容丰富、富于变化的注意对象，个体容易保持注意的稳定性；对内容贫乏、单调呆板的注意对象，个体不易保持注意的稳定性。②人的主体状态。人对所从事的活动认识越深刻、态度越积极、越感兴趣，注意就越稳定。身体健康、精力充沛、心情舒畅有利于提高注意的稳定性。[1]

---

[1] 中公教育教师资格考试研究院. 国家教师资格考试专用教材：教育教学知识与能力［M］. 北京：世界图书出版公司，2018：111.

2. 过程设计

微课是围绕某个具体知识点进行相对完整教学的在线视频，意味着微课类似像完整的课堂教学一样，有着清晰的教学过程设计，只不过这些过程是浓缩在5～10分钟。微课的过程设计包括教学顺序、教学策略与互动形式等设计。

教学顺序，即在微课中，教师导入、讲解、分析、归纳知识的过程，这正是体现微课的"课"的本质内涵。为帮助老年人更好地学习微课内容，教学顺序的设计应主线清晰、逻辑性强、重点突出。

教学策略，是指在微课中，为更好地促进老年人对知识的理解而采用的教学方法。例如，在"智能遥控"微课中，课程开发人员采用案例策略，以王姨自述的方式介绍自己和老伴如何运用智能手机、智能插头、智能音箱远程控制家里电器的案例出发，引出实现不同范围的智能遥控以及远程控制智能家居的操作方式等知识（如图5-5所示）。又如，在"人脸识别知多少"微课中，课程开发人员采用故事策略，从陈叔陷入AI诈骗的事件入手，解析人脸识别的概念与原理，

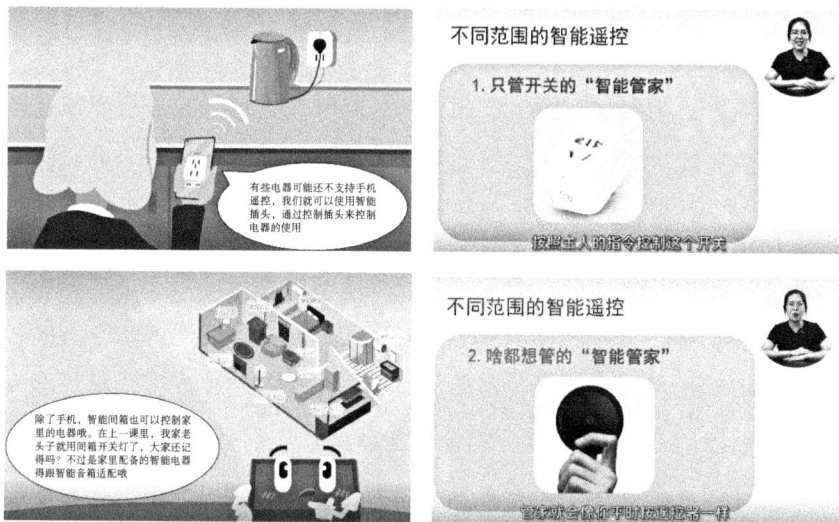

图5-5　"智能遥控"微课的截图

以及人脸识别诈骗中容易出现的陷阱，一方面让老年人了解人脸识别技术，另一方面给老年人以警示作用。除了上述提及的案例策略、故事策略以外，课程开发人员还可以根据微课内容设计情境策略、问题策略等。

互动形式，指在微课中，调动老年人主动参与的人机互动形式。由于微课是一段视频，人们往往认为微课的学习只能以"观看"的方式学习。其实不然。在微课内容的讲解中，通过穿插提问，实现老年人与微课的授课教师之间的跨时空交互。在设计问题时，课程开发人员可以参考如下指导原则：①问题简单明了，尽量言简意赅，以便老年人记忆；②问题用语使用符合老年人年龄和理解水平的词汇；③适当留白，给老年人提供思考时间；根据问题需要，对问题进行提示，激活老年人的先前经验。此外，课程开发人员还可以在微课中引入二维码的资源链接，延伸拓展知识内容。

3. 形式实现

精彩的过程设计最终需要借助合适的形式加以技术实现。所谓形式实现，就是如何利用文本、图片、动画、音频、视频等多种媒体素材，采用合适的视频开发技术，按照教学过程可视化组织与编排微课的知识内容。主要包括两个方面：一是媒体的选择。在进行媒体选择时，首先要明确教学媒体选择和使用是什么，接着要分析各种媒体类型的特点，并根据知识内容的需要选定能实现媒体使用目标的各种媒体，尽可能做到科学性、趣味性和形象性相结合。二是呈现方式的选择。课程开发人员需要根据知识内容的特点以及老年人的学习偏好，选择合适的呈现方式。最普遍的是摄像机拍摄教师真人出镜讲授的方式，还可以是PPT录屏与配音结合，甚至还可以是动画的方式。当然，我们需要注意的是：呈现方式是为内容服务的。切忌只追求新颖的呈现方式而忽略了内容的完整教学过程。

第六章

老年教育智能技术类课程的实施

大课程论，正在努力揭示和建构课程包含教学、课程论包含教学论的新图景。[①]

——黄甫全

人们对课程实施的本质有着不同的见解，归结起来主要有两种观点[②]：第一，从广义上说，课程实施是将课程方案付诸实践的过程，是达到预期教育目标的基本途径，其关注的焦点是课程实施的文化、环境、管理及其影响因素等。第二，从狭义上看，课程实施就是教学，因为课程实质上是一种教育进程，即一种"实践状态"的教育活动，内在地包含着教学活动。在本章中，我们侧重从狭义角度观照老年教育技术类课程实施，聚焦对教学过程的探讨。教学过程是教师引导学习者学习的教与学相统一活动的时间进程。它将教学内容、教学资源和教学方法等"串联"起来，最终达到教学目标。由于教学对象、教学内容、教学方法等的不同，教学过程呈现出异彩纷呈的模式。教学模式是指在一定的教育思想、教学理论和学习理论指导下，在一定的教学环境和资源的支持下，教与学活动中各要素之间的稳定关系和活

[①] 黄甫全. 大课程论初探——兼论课程（论）与教学（论）的关系 [J]. 课程教材教法，2000（5）：1–7.

[②] 黄甫全. 现代课程与教学论 [M]. 北京：人民教育出版社，2011：268.

动进程的结构形式。[①]科学、适宜的老年教学模式是老年教育教学活动顺利开展、教育质量有效提高的重要保证。[②]

第一节 讲演操练模式的实施

讲演操练模式是指教师通过口头语言或示范操作等手段系统地传递信息，使老年人进行参与性练习而获得知识与技能的一种教学模式。该教学模式是老年教育中较常采用的模式之一，对以技能训练为主的智能技术课程教学尤为适用。该模式的理论依据是行为主义学习理论。行为主义学习理论的核心观点为，学习过程是学习者在一定条件下形成刺激与反应的联结从而获得新的经验的过程。任何刺激与反应的联结，如果经常练习和运用，则联结的力量就会逐渐增大，如果不练习和运用，则联结的力量就会逐渐减少，直至消退。当学习者在某种情境下对刺激作出特定的反应之后，如果得到强化，则会提高该行为在这种情境中发生的概率，增强刺激与反应的联结。

一、实现条件

为保证讲演操练模式的有效实施，应具备如下实现条件：

---

① 李克东. 新编现代教育技术基础［M］. 上海：华东师范大学出版社，2002：340.

② 叶瑞祥，卢璧锋. 老年教育学与教的原理［M］. 北京/西安：世界图书出版公司，2019. 321.

（一）积极反应与即时反馈

在讲演操练模式中，教师是老年人智能技术学习的权威，控制着整个教学活动的进行。实施该模式时，需要遵循两条原则：一是积极反应原则。教师需要先对每一个操作做出解释与示范，然后提出操作指令让老年人进行模仿训练，老年人根据教师指令作出外显反应。二是即时反馈原则。教师对老年人的操作要做出即时反馈，使之正确反应逐渐增加，错误反应逐渐减少，进而达至对智能技术知识和技能的掌握。

（二）语言表达要清晰

老年人的听觉感知有所下降，且动作速度较为缓慢，如果教师讲解的语速过快，会对老年人的言语理解产生影响。[①]实施该模式时，教师的语言表达要清晰。具体要求有：①教师要控制语速，把握教学节奏，维持老年人的注意力；②教师应使用简洁明了的语言，避免使用冗长的、老年人难以理解的专业解释；③教师应通过明晰的指导用语告诉老年人他们需要完成的任务；④教师需要告诉老年人需遵循的具体程序，可以用数字来强调指令的顺序，如"第一""第二"；⑤教师使用口头指令时应强调关键词，如"注意……""这点很重要……""请大家记住……"；⑥教师一次给出的指令不宜过多，让老年人重复或解释他们要做的事情，以检查老年人的理解情况。清晰的语言表达和明确的语言指令对于老年人教学的顺利进行有着重要作用。

（三）演示操作方式多样

教师讲解技术工具和软件操作的示范方法包括教师示范、媒体示

---

① Schneider, B.. Psychoacoustics and aging: Implications for everyday listening ［J］. Journal of Speech Language Pathology and Audiology, 1997, 21（2）: 111–124.

范、同伴示范等多种方式。因学员具备向师性和模仿性，教师示范行为直接影响着学员的行为。当老年人认知水平与知识学习的吸收消化速度跟不上时，教师的现场演示对部分老年学习者来说较为困难。而媒体示范则比较有效地解决了现场演示瞬时性的问题，图片、视频等媒体资源的提供，使得老年人可以根据自己的学习步调重复观看。同伴示范具有亲切、自然等特点，有助于调动老年人进行观察模拟的积极性，产生"你行我也行"的积极心理状态。

二、操作程序

一个复杂的行为技能的形成要经历三个阶段：一是认知阶段，即明确所学行为技能的分解动作要求；二是联系阶段，即通过反复练习，各分解技能逐步结合成技能系统，并使一些对抗性反应得到消除；三是熟巧阶段，这时的行为技能程序已无须学习者通过思考来完成了。[①]讲演操练模式的实施主要包括定向、参与练习、自主练习、迁移四个阶段。

（一）定向阶段

在定向阶段，是要确定学员努力的方向，让老年人知道他们要学什么、为什么要学这些以及怎样学。在这个阶段中，教师首先需要用老年人能理解的语言来阐述教学的目的和意义，使老年人明确他们在教学中将要学会哪些智能技术相关知识与技能，以及这些知识与技能如何在日常生活中帮助他们，从而引起老年人的学习意向。

（二）参与练习阶段

在参与练习阶段，知识讲解与动作示范要相结合，即一边运用

---

① 叶瑞祥，卢璧锋. 老年教育学与教的原理［M］. 北京/西安：世界图书出版公司，2019．323.

教师示范、媒体示范、同伴示范等方式进行示范，一边讲解动作的原理、程序和要领等。示范的内容包括整套动作的系统示范和分解动作的示范。随后教师指导老年人从分解动作开始模仿练习，并根据每次练习结果给予帮助、纠正和强化。老年人通过在实践中不断尝试与犯错，教师及时发现与纠正老年人的错误，在此过程中关注老年人的心理变化，保护他们参与练习的积极性，避免挫伤其主动性和信心。

（三）自主练习阶段

在自主练习阶段，老年人在分解动作与技能的练习达到一定的熟练程度后转向组合动作与技能的练习，逐渐脱离教师的指导进行独立练习。此时，老年人要回顾动作的要点和程序，对参与练习阶段习得的内容进行"内化"。自主练习时，老年人要按照自己的观察和理解，独立自主地按照自己的思路来进行练习。

（四）迁移阶段

在迁移阶段，老年人不仅能独立完成动作技能的操作步骤，还能将习得的知识与技能应用于其他类似的情境中。例如，老年人如果熟练掌握微信支付后，还能将微信支付的方法迁移至支付宝或淘宝等软件上，完成数字支付行为。

三、模式评析

讲演操练模式具有如下优势与不足：

（一）经济实用

讲演操练模式经济实用，能在较大范围和较短时间内使老年人获得更多有用的智能技术知识和应用方法，形成相应的操作技能，且呈现出"小步子学习"的逐步进阶的特点。所以，该模式的应用是最广泛的。

（二）缺乏针对性

讲解操练模式往往发生在集体授课的场合。集体授课时，一般学员众多。但是，老年人对智能技术知识的理解与接受能力，以及对智能设备、工具与软件的操作速度等方面都存在较大差异。因此，教师很难做到对每一位学员的学习情况及遇到的问题做出针对性反馈，教学效果受到限制。

第二节　微课导学模式的实施

微课因其短小精悍、表现手法巧妙、传播速度快、获取便捷等优势，成为新媒体时代泛在学习的一种重要教学材料。微课导学模式是将微课贯穿于老年人学习全过程，支持老年人知识学习与技能训练的一种教学模式。该模式的理论依据是布卢姆的"掌握学习"理论。"掌握学习"理论认为，只要在提供恰当的材料的同时，给予学习者以充分的学习时间和恰当的帮助，那么几乎所有的学习者都能达到规定的目标。目前，微课在老年教育领域中得到广泛应用，使该模式的实施更具可行性。

一、实现条件

为保证微课导学模式的有效实施，应具备如下实现条件：

（一）教师需要精心准备微课

通过前面的论述，我们知道微课有着不同的类型，且不同类型微课的教学功能也有所不同。教师应根据授课内容性质及其应用微课的教学环节，确定开发微课的类型。对于陈述性知识内容的设计，善用图像、表格、动画、视频等多种媒体方式加以可视化，必要时结合智能技术的相关新闻事件、应用情境、典型问题等阐述，增加老年人的感性认知。对于程序性知识内容的设计，针对老年人容易遗忘这一问题，应使用重点词对关键操作进行标注。此外，考虑到老年人视力和听力的功能退行，应处理好微课的字体大小、颜色搭配、配音讲解速度、配音音量大小等呈现方式设计。

拓展阅读

安德森根据知识的功能，将知识分为陈述性知识与程序性知识。陈述性知识也叫描述性知识，主要用来说明事物的性质、特征和状态。程序性知识也叫操作性知识，主要用来解决做什么和如何做的问题。

陈述性知识与程序性知识二者相互联系。陈述性知识是程序性知识的形成的必要条件，即陈述性知识的获得是学习程序性知识的基础。程序性知识一经形成又会促进陈述性知识的深化，即程序性知识的获得能为新的陈述性知识的获得提供保证。可见，陈述性知识的获得与程序性知识的获得是学习过程中两个连续的阶段。

（二）老年人需具备一定的微课学习能力

微课是该教学模式实施的载体，这要求老年人具备一定的微课学习能力。例如，微课呈现陈述性知识时，老年人能认真倾听、记忆，必要时做笔记；呈现程序性知识时，老年人能完整观看操作流程。根据学习情况，暂停视频进行模仿操作，或者观看完一小步操作后立即模仿操作。若视频播放速度过快或过慢，老年人则可以对视频讲解的速度进行调整；对教师在微课中提出的问题，老年人能暂停视频进行思考。

二、操作程序

在微课导学教学模式中，微课给予老年人创造自主学习与个性化学习的条件，老年人可以根据自己的需要利用微课自定步调地学习。具体来看，微课在教学中的应用主要表现在两个阶段：课前预习阶段与任务操练阶段。

（一）课前预习阶段

在课前预习阶段，老年人利用教师推送的微课进行新知预习，对即将学习的内容大致形成初步认识。在这一过程中，老年人可以判别自己不懂的内容是什么，以至在课堂上能做到有针对性地听课。

（二）任务操练阶段

在课堂教学中，当老年人完成智能技术操练任务时，教师可以围绕学习困难点边演示微课边讲解，帮助老年人突破认知困难；教师也可以引导老年人自主观看微课，自主解决问题。这要求教师在设计微课时，需要在微课中清晰地呈现智能技术操作的步骤，必要时给予常见错误点的说明。而且，根据微课的自包含原则，一个微课应针对一个知识点内容进行讲解，这样更有助于老年人记忆和理解。

深度思考

请阅读"智能手机拍照与分享"一课中微课导学模式的应用片段，思考这一模式的可行性、合理性与适用性。

课前预习阶段：老年人通过观看"智能手机拍照与分享"微课预先了解如何使用智能手机拍照、如何使用智能手机编辑照片、如何使用智能手机分享照片等内容。微课采用了真人教师讲解与幻灯片演示的方式，呈现出手机界面截图以及关于操作流程的批注，教师配合幻灯片画面讲解操作流程以及注意事项。老年人可以随时暂停微课，对于不懂的地方进行反复观看。

任务操练阶段：老年人通过课前预习，发现"如何使用智能手机编辑照片"这一内容较难理解。在课堂上，教师可以重点围绕该内容，结合微课做详细演示与讲解，具体操作包括裁剪图片、涂鸦、添加马赛克与文字、调整对比度与亮度等。如果在课前学习中，有学员对这个内容掌握较好，教师也可以邀请其进行示范。随后，教师布置拍照与编辑的任务，让学员自主练习。如果在练习中遇到问题，学员可以再次利用微课边看边做。

三、模式评析

微课导学模式具有如下优势与不足：

（一）满足老年人时间的弹性需求

老年人的时间分配是随着家庭以及自身的条件情况而定，是不统一的、分散的，比如早晨需要锻炼身体、做家务、送孙辈上学；下午需要接孙辈放学等等。老年人在时间上的这些特殊需求，对老年教育课程设置提出了挑战。微课导学模式与其他模式相比，学习时间高度弹性，既能统一安排又能随时安排。学习不受时间和空间的限制，老年人可以在课上观看也可以在课下观看微课，随时查漏补缺。

（二）激发老年人学习潜能

该模式在实施时，在课前，教师为老年学员提供微课并给予老年学员充分的学习时间，不同层次的学员根据自己的学习需求自由控制学习进度和频次；课中，老年学员在教师引导下运用微课进行自主学习或参与各种活动进行互动学习，教师及时给予"矫正—反馈"，以强化课前的学习，充分激发老年学员自主学习的潜能。

（三）耗费教师的时间与精力

该模式需要教师付出较多的时间和精力。一方面，微课的开发需要经历教学设计、系统设计、配音、后期编辑等系列工作，同时还要根据学员的学情进行优化设计。另一方面，要想真正发挥微课的教学功效，微课是否能满足老年学员的学习需求，是否能符合老年学员的学习特点，是否能解决老年学员的学习问题等都是教师需要思考的问题。

第三节　个别化指导模式的实施

老年人是一个多类型多层次的复杂群体，老年教育不仅要考虑老年人的共同需要，更要重视每个老年人的具体情况。教师应根据不同的年龄层次、健康状况、智能基础、兴趣爱好和家庭条件等实际情况，对老年人进行区别对待，力求安排不同的教学内容，采取不同的教学手段、方式和方法。[①]个别化指导是针对学习困难的个别老年人，精准识别其学习障碍与形成原因，进而为其提供针对性的指导，从而实现老年人有效学习的一种教学模式。该模式尊重老年人的个体差异，体现出因材施教的个性化特征。

一、实现条件

为保证个别化指导模式的有效实施，应具备如下实现条件：

（一）精准分析学情

只有准确把握每个老年学习者的真实学情，才能更好地实施个别化指导。一般来说，学情分析包括学习者的认知特征、学习起点、学习态度、学习风格、数字素养以及自我效能感等方面。学情分析要突出重点，特别是学习中遇到的困难、问题，包括老年学习者的畏难、焦躁等心理特征，有针对性地做好学习指导与思想工作、心理辅导。

（二）学习任务与资源的多样化设计

学习任务与资源的多样化设计使得老年人能够根据自身的能力与兴趣进行选择，极大程度上尊重老年人在智能技术学习能力上的差异。将学习任务作为承载教学内容的载体，学习任务的数量、难易要充分考虑老年人的基础和差异，并具有可选择性。教师应提供文本资料、多媒体课件、微课等各种不同资源以适应老年人不同的学习习惯。

（三）教师应有个别化指导的能力

教师要有能力根据教学目标、老年人的学习特征设计个性化的

---

① 叶忠海. 社区教育学基础［M］. 上海：上海大学出版社，1999：93.

学习策略，使老年人便捷地获取适合的学习资源；要有能力控制老年人的学习参与度，监控老年人的学习过程，及时发现老年人的学习问题，并适时进行个性化指导；要有能力提供个性化的评价，做出客观而有针对性的反馈。

二、操作程序

个别化指导模式的实施过程，一般包括以下两个阶段：发现问题、个别指导。

（一）发现问题

精准洞察老年人学习存在的问题是实施个别化指导的首要环节。首先，教师针对某一学习主题形成问题和假设，并从多渠道采集不同形式的数据，调查问卷、课前测试、学情量表、个别访谈等都是学情数据有效的收集方法。其次，教师判断老年学习者当前学习水平和预设目标之间是否存在差距，进而找到存在学习困难的个别老年学习者，猜测导致其学习困难发生的可能原因。

（二）个别指导

个别化指导以帮助全体老年人都达成基础性目标为目的。根据第一阶段发现的问题，教师辅以针对性的指导，对于老年人普遍存在的共性问题进行集体指导，解惑释疑；对于存在个性化问题的老年人进行个别化指导，可以分为两种形式：一是线下指导。在课堂上，老年人进行智能技术操作时，教师从旁观察，对老年人未掌握的步骤再进行精细讲解与演示，直至确认老年人已经掌握为止。除了在课堂上，这种形式还可以延伸至其他场域。也可以招募志愿者，让他们走进不同场域（社区、楼院、车站、医院等），用志愿者的智慧"反哺"老年人，开展一对一的精准指导。二是线上指导。这种形式侧重于对老年人在真实情境中应用智能技术时遇到问题的解答。老年人遇到困难时可以通过QQ、微信等交流工具，选择一对一的私聊或者一对多的群聊等方式向教师提问；教师通过发送语音、文字、视频等资料帮助老年人。

三、模式评析

个别化指导模式具有如下优势与不足：

（一）关注每一位老年人

个别化指导教学模式以"关注每一位老年人"为基本的价值取向，先诊断后指导，通过对有学习困难的老年人进行线上线下辅导答疑，培优补差。将群体辅导与个别辅导相结合，同步辅导与异步辅导相结合，有效地缓解老年人的心理压力，降低学习难度，提高学习效果。

（二）难以大范围普及

个别化指导模式在大班教学中较难实施，小班教学因其人数少，有优于大班教学的时空及资源条件，教师对老年人的个别化指导能够落到实处，其方式方法也多样，因而可以较好地满足个别化教学的需求。[①]教学团队的人数越多，分配到每一位老年人的关注才能够越多，给予老年人的指导也就越充分。

---

① 王占宝. 论卓越教育的可能与策略［J］. 学术界，2007（2）：75-80.

第四节　朋辈互助模式的实施

　　老年人在学习过程中除了请教教师外，还可以向朋辈学习。朋辈群体内部年龄相仿、志趣相投、社会地位相当，可以作为社会支持的重要来源，且相互之间交流更加容易、沟通更加顺畅、观点更容易被彼此接受。他们能够提供模仿参照物、形成社交圈中的规范压力以及提供精神支持，成为弥合老年人"数字鸿沟"的重要力量。[①]朋辈互助是指两个或两个以上的老年人建立起信任关系，分享想法，相互指导，形成新的技能或解决新的问题的一种教学模式。该模式的理论依据是社会建构主义理论。社会建构主义理论将人的心理定位于个体与社会活动的产物，将学习看作是在实践共同体中基本的文化适应过程。学习是个人与比较有知识的其他人在"最近发展区"内的社会交互作用，而这一交互作用的过程是以按文化方式发展的文化系统为中介的（即将语言作为建构意义的心理工具）。[②]在社会建构主义看来，知识意义以及个人都是社会性地和文化性地建构的。

一、实现条件

　　为保证朋辈互助模式的有效实施，应具备如下实现条件：

（一）合理分组

　　学习是个体主动参与实践共同体活动的过程。"实践共同体"的提出是源于对日常工作情境中从业者（如裁缝、产婆、航海家等）的

---

① 刘入豪，邱乾. 老年人数字鸿沟中被忽视的朋辈影响［J］. 青年记者，2020（12）：31-32.

② 高文. 教学模式论［M］. 上海：上海教育出版社，2002：63.

学习的研究。传统的学徒制就是一种"实践共同体",在学徒制中,"师傅"与"徒弟"在知识水平和能力上是有着明显的差距的。"徒弟"通过观察和模仿"师傅",接受"师傅"的指导并参与实践,获得技能并积累经验,最终由"新手"转变为"专家",拥有与"师傅"同样的知识与能力,甚至比"师傅"更多的知识与能力。朋辈互助正是要建立起这样一种"师徒制"的朋辈群体。在老年人互助成员的选配上,要鼓励老年人主动寻找互助伙伴。分组时要注意将老年人的主观意愿与承担角色(帮助者和受助者)结合起来,在尊重老年人自由选择小组的权利的同时,教师又需要合理介入小组的搭配当中,确保小组成员中至少有一位智能技术学习能力较强且应用水平较高的老年人,以实现其对其他组员的指导与帮扶。

(二)老年人有志愿精神与教授能力

朋辈教育是需要学习能力较强的老年人发挥榜样力量,展示出其擅长的智能技术知识与技能,向其他老年人传授相关的知识点,带动智能技术基础较薄弱的老年人共同学习。首先,老年人要具有志愿精神,愿意将自己所学尽己所能教与其他老年人,这才能够最大限度保证老年人朋辈互助的质量。其次,老年人自己掌握智能技术知识与能够教授给他人智能技术知识是完全不同的能力层次。智能技术水平高的老年人要以同理心理解同伴的难处,以同伴能接受的方式讲授内容。

二、操作程序

在朋辈互助模式中,合作伙伴建立起指导与被指导的关系,一个更有经验的人作为教练指导帮助经验较少的同伴。其实施过程包括以下两个阶段:组内互助、班内展示。

（一）组内互助

当在智能技术操作过程中出现有的老年人能够独立解决问题，有的老年人无法解决问题的时候，教师可以帮助老年人组建合作学习小组。存在疑难问题的老年人在组内表达自己的困惑，有一定经验的老年人则进行解惑。要注意的是，最初掌握智能技术应用较为熟练的老年人会担任起传授者的角色，但因同龄人之间学习速度相似，并非像代际间的"数字鸿沟"难以弥合。随着对技术认识和使用熟练程度不断提升，这种教与学的关系可能会出现反转，即助人者也可能成为被帮助的对象。在朋辈之间，"帮助者"与"被帮助者"的身份不存在明显界线。[①]

（二）班内展示

经历了小组合作学习后，教师可以为老年人搭建展示平台。一方面，组织老年人进行阶段性交流与反思，其目的是了解不同小组学习的进展情况和面临的困惑，其他小组共同出谋划策，共同解答疑问。另一方面，根据对老年人合作学习情况的观察结果，邀请该学习专题中智能技术掌握较好的老年人进行知识讲授或操作展示，其目的是增强老年人的学习自我效能感，让老年人从自身或其他伙伴中获得激励。

深度思考

请阅读中大槐树街道的"银发课堂"朋辈互助模式的应用片段，思考这一模式的可行性、合理性与适用性。

---

① 刘入豪，邱乾. 老年人数字鸿沟中被忽视的朋辈影响［J］. 青年记者，2020（12）：31–32.

中大槐树街道中的社工通过小组活动的形式，成立"银发课堂"老年智能手机小组，建立以老帮老、以老带老的互助学习氛围，努力提高老年人的成就感和社会融入感，孵化志愿精神。老年人之间的互助学习主要涉及以下流程：

老年居民接受服务：第一阶段由社工为老年居民提供授课服务，居民接受服务。以社工站社工授课为主，社工与居民之间建立起良好联系。在解决老年人社交需要和丰富精神文化生活需求的同时，为老年人提供智力支持，增加老年人对自己不落后于时代的自信心，满足老年人社会化诉求。

互助学习：在小组成员之间彼此建立联结，拥有一定手机应用知识储备的基础上，社工鼓励小组成员自由结对，互帮互助完成学习目标，形成以老帮老、以老带老的互助学习氛围。社工鼓励学习小组成员帮助他人，将在活动中学到的知识与他人分享。鼓励学习小组内优秀学员在活动中担任讲师，为大家讲解自己擅长的手机应用知识。在帮助他人的过程中体会到助人的快乐和志愿服务精神。社工通过引导、观察和交流，挖掘出有能力、有意愿者，发展培育老年志愿者队伍。

三、模式评析

朋辈互助模式具有如下优势与不足：

（一）增强集群效应

在课程实施中，老年人既是受教者，也是助学者。让老年人担任助学者，发挥朋辈榜样的集群效应，有助于减轻老年人对智能技术类课程的恐惧感，增强课程的亲和力，调动更多老年人积极参与智能技术类课程学习，消解老年人对智能技术学习的"观望心态"。让老年人担任助学者，有助于建立朋辈间的共同经验，使其更能基于自身经验理解其他老年人在智能技术类课程学习中的疑难点，在沟通上更加顺畅。让老年人担任助学者，有利于建立朋辈间的互助氛围，满足老年人的社交需求、尊重需求和自我实现需求。

（二）学习时间难以保证

老年人的学习时间具有极大弹性，容易导致小组成员在每一次上课时可能出现成员缺位的情况，尽管合作小组是经过教师精心组配。如此一来，将会对朋辈互助的效果产生较大影响，一方面朋辈之间的亲密度、信任感难以持续，另一方面老年人合作互助的意识难以建立。因此，老年大学可以大胆尝试探索新机制，以聘任或者邀请的方式让有经验、有意愿的老年人定期以助学者身份参与课程教学，增强老年人的获得感与幸福感。

第五节　情境探究模式的实施

老年教育智能技术类课程的目标宗旨是解决"会不会做"的问题，而不是仅停留在"知不知道"的问题上。智能技术的应用与生活场景紧密联系，只有让老年人以参与、体验的方式亲历智能技术的应用，才能有效拉近老年人与数字生活的距离。情境体验是在教学过程中，教师有目的地创设与课程内容相关的具体情境，引导老年人全身心积极参与、体验成功、建构知识意义的一种教学模式。该模式的理论依据是情境认知理论。情境认知理论认为知识并非孤立而抽象的，"它们只能通过运用才能被完全理解，它们的运用既必须改变使用者对世界的看法，又必须适用于所处文化的信仰体系"①；知识是活动与文化情境的产物，"情境既是问题的物理结构与概念结构，也是活动的意向与问题嵌入其中的社会环境"②，"情境性在所有认知活动中都是根本性的……使学习的内涵远远超过了理解的获得；学习包含着建立一个'对他们在其中使用工具的世界，和对工具本身进行日益丰富的内在的理解'"③。

一、实现条件

为保证情境探究模式的有效实施，应具备如下实现条件：

（一）从内容到经验转化

教育内容本质上是一种特殊文化。作为一种特殊文化，教育内容是优化的学习条件，也是人类文化的精华，还是师生活动的共同客体。过去，我国教育界只有从文化中选取而来的"内容"的观念，导致教学过于偏重知识的授受。根据泰勒的观点，只有通过经验，才会产生学习，才有可能达到教育目标。因此，必须关注老年人的学习经验。如何从文化中选取适当的"教育内容"并转化为"老年人的学习经验"是该模式实施首要考虑的问题。

（二）情境创设的适宜性

情境的创设如若设计或处理不当，则容易造成情境与学习者已有

---

①　高文. 教学模式论［M］. 上海：上海教育出版社，2002：290.

②　高文. 教学模式论［M］. 上海：上海教育出版社，2002：299.

③　戴维·H. 乔纳森. 学习环境的理论基础［M］. 郑太年，任友群，译，上海：华东师范大学出版社，2002：27.

知识和经验的脱节。[①]最常出现的情境创设不当的情况有：①情境脱离老年人的真实需求；②情境过于复杂，老年人"迷失"在各种情境因素的复杂关系中；③情境中缺乏知识镶嵌。

二、操作程序

情境教学是学习者主动建构知识的过程，通过适宜的教学情境为学生提供丰富的学习素材，促进学习者主动探究和思考；是学习者应用知识的过程，通过适宜的教学情境为学习者提供生动的学习材料，促进学习者灵活运用所学知识解决问题；是促进学习者情感健康发展的过程，通过适宜的教学情境为学习者提供带有情绪色彩的信息，促进学习者正确地对待自己、他人和环境，培育积极的人生态度。[②]情境体验教学的主要环节有：情境导入、情境探究、情境迁移。

（一）情境导入

教师利用多种方式呈现出老年人可能会或者曾经经历过的情境，调动老年人的学习热情和兴趣，导入新课内容。例如，通过多媒体动画演示和语言描绘的方式展示出老年人要出行时却不知道路线的难题，还原导航使用的情境；教师通过扮演商店老板的角色，还原老年人使用手机消费的情境；通过投影将教室的背景呈现为厨房的照片，教师与智能音箱实物进行对话，查询菜谱，还原智能音箱使用的情境等。

---

① 张琼，胡炳仙. 知识的情境性与情境化课程设计［J］. 课程教材教法，2016（6）：26-32.

② 陶西平. 新时代教育改革的壮丽画卷——从情境教学到情境教育［J］. 中国教育学刊，2016（10）：1.

（二）情境探究

教师根据情境提出问题，启发老年人深度思考，帮助他们建立起情境与知识之间的意义联结。教师也可以将情境转化为若干个递进式的小任务，以师讲生议、师演生练、生讲生学、生练师评等方式引导老年人探究学习，掌握智能技术的应用场景及问题解决的方法。例如，在"添加朋友方式多"一课教学中，教师根据微信社交的情境设计两个小任务：①分享一个自己用微信添加朋友的常用方式；②运用该方式添加一名好友。教师邀请老年学员分享与展示，对于操作正确的给予鼓励，对于操作错误的给予纠正。最后，教师补充其他用微信添加朋友的方式。

（三）情境迁移

教师呈现知识延伸的拓展情境，引导老年人举一反三、触类旁通，将探究所得的智能技术应用经验有变化地运用于另一个情境中，进而感悟智能技术学习的价值，激发内心的积极情绪，树立智能技术应用的正确价值观。在情境迁移时需注意情境的相似性。知识经验获得的情境与知识应用的情境相似性越高，越容易产生迁移。

三、模式评析

情境探究模式具有如下优势与不足：

（一）有助于产生共鸣情感

情境最大限度地还原了知识与技能在实际中运用的方式。[①]面对熟悉的情境，老年人会产生强烈的代入感，感知到智能技术学习的必要

---

① 钟志贤，刘春燕. 论学习环境设计中的任务、情境与问题概念［J］. 电化教育研究，2006（3）：16-21.

性；面对情境中的问题，老年人会产生感同身受的同理心态，激发起运用智能技术解决问题的动机，在一定程度上较好地降低了老年人的畏难情绪，提升了智能技术学习的信心。

（二）容易陷入思维定式

思维定式，也称为"惯性思式"，是由先前的活动而造成的一种对活动的特殊的心理准备状态或活动的倾向性。在环境不变的条件下，思维定势使人能够应用已掌握的方法迅速解决问题。一般来说，教师创设的教学情境都内蕴知识和技能指向性，这对初次接触智能技术类课程学习的老年人来说，可以快速帮助他们掌握智能技术应用的相关知识与技能。但是，也可能限定了老年人的思维，使其对智能技术的认识产生情境依赖，将智能技术的应用限定在教师呈现过的情境，甚至将智能技术的应用简单化为固定的操作，以致在具体生活中，当情境发生改变时，无法实现操作应用迁移，进而降低对智能技术应用价值的认可度。

深度思考

为避免老年人在情境体验教学中陷入思维定式，您认为在带入情境、体验情境和拓展情境中，教师应如何做？如果您是教师，请以一门适合老年人学习的智能技术类课程为例，选择其中的一个内容，设计一节情境探究教学的课。重点阐述清楚导入情境的设计、探究活动的设计以及情境迁移的设计。

第六节　场景学习模式的实施

　　老年人学习智能技术常常存在"在场"与"在思"相互割裂的状态，由此制约了老年人对智能技术应用的深层认知。为了实现老年人学习的真正发生，让老年人参与真实的智能场景中体验智能技术的应用，能有效帮助老年人建立起知识与生活的连接。由此，场景学习应运而生。场景学习是通过建构与老年人生活高度融合的场景，实现让老年人在场景中学习，通过场景学习的一种教学模式。该模式的理论依据是具身认知理论。具身认知理论强调"心智与身体的联系"。认知源于身体与世界的相互作用，心智依赖机体的各种经验，这些经验来自具有独特知觉和运动能力的身体，而这些能力不可分离地相连在一起，共同形成一个包含记忆、情绪、语言和生命的其他方面在内的有机体。[①]换而言之，认知并非脱离身体维度的经验、实践参与，也不是仅局限于头脑之中，而是涉及身体构造、神经结构、感官和运动系统等的参与，还涉及身体的感受、体验、经历等经验层面的嵌入。[②]

一、实现条件

　　为保证场景学习模式的有效实施，应具备如下实现条件：

（一）注重场景的连接

　　场景，既指代生活中的特定情景，也指向互联网中的体验空间。

---

　　①　Thelen，E.，Schoner，G.，Scheier，C. & Smith，B.. The Dynamics of Embodiment：A Field Theory of Infant Preservative Reaching［J］. Behavioral of Brain Sciences，2001（24）：1-86.

　　②　张良. 具身认知理论视域中课程知识观的重建［J］. 课程教材教法，2016（3）：65-70.

指向老年人智能技术学习的场景，并非等同于一般意义上的场所，它是需要课程开发人员为了老年人学习去设计、去建构的。场景学习对支持老年人智能技术学习至关重要。一方面，老年人智能技术类课程的知识来源老年人的生活世界，老年人学习它就理应让知识回到生活中去学习；另一方面，老年人所学知识是否能够真正习得，还需要提供生活场景进行检验。从这个意义上看，场景是一种连接方式，①是一种连接老年人智能技术学习与数字生活的方式。

（二）多样态场景的建构

支持老年人智能技术类课程学习的场景有两种类型：①基于家庭或社区的场景。这种场景与老年人生活最相关，真实的生活、现实的问题都呈现在老年人面前。他们在场景中观察、体验、思考与尝试，又在生活中践行、感悟与发展。②基于虚拟世界的场景。这种场景借助VR/AR等技术，将虚拟与现实连接在一起。老年人运用身体，通过视觉、听觉、触觉、运动等感知，与虚拟世界中的物体进行实时交互，获得沉浸式临场体验。

（三）支持操作实践

具身认知理论强调认知过程并非心智进行被动、机械地表征与映现，而是一个由心智、身体以及环境各个因素耦合、互动生成的动态系统。②简言之，大脑、身体以及环境三者构成了一个动态的统一体；脱离了身体在环境中的参与性行为，认知便不存在。因此，"浸入"与"操作"是支持老年人智能技术学习的场景的关键要素。场景，不仅是老年人学习的对象，而且是老年人学习的手段。当老年人沉浸到

---

① 李传庚．从学习场景到场景学习［J］．江苏教育研究，2017（7）：7-9.
② 张良．具身认知理论视域中课程知识观的重建［J］．课程教材教法，2016（3）：65-70.

场景中时，真正的学习即发生，实现"在场"与"在思"统一。在场景中，老年人不是被动地听取以符号表征的抽象性知识，而是与场景发生交互操作。操作可能是尝试，也可能是验证，还可以是动手与动脑相结合。知识就是在老年人操作实践基础上，生成的具有情境性、具身性的产物。

二、操作程序

场景学习模式的实施主要包括两个环节：场景连接和场景操作。

（一）场景连接

对老年人而言，智能技术知识不能脱离真实生活而孤立存在。只有将知识融入具体的生活场景中，才能切实有效解决老年人运用智能技术所遇到的困难。教师为老年人构建、连接一个具体可感的生活场景，并将其作为"学习支架"或"学习环境"，是场景学习模式的首要环节。例如，上海老年大学依托"智慧生活体验教室"，打造了科技岛、健康岛、金融交通岛、生活岛、快乐岛五大场景，分别聚焦老年人生活中的科技、医疗与健康、金融与交通、媒体制作、智能家居领域，通过人工智能、物联网、大数据、5G等技术的应用，让老年人在"智慧生活体验教室"中体验智能生活的便捷与高效。[①]

（二）场景操作

具身认知理论认为，认知是"身体的生理结构、身体的活动方式、身体的现时状态以及身体的感知运动经验决定了人类对世界的感

---

① 王美楠，韩保磊. 上海老年教育数字化转型发展探究［J］. 高等继续教育学报，2022（2）：65–69.

知和解释"①。身体的作用使得认知、身体、行动在空间和时间上紧密联系成为一个整体，基于身体活动模式形成的认知表征是认识世界的一种基本方式。②在智能技术课程学习中，教师需要组织老年人积极与场景发生操作交互。例如，在"智能家居"一课教学中，教师可以把老年人带入一个由智能家居布置的温馨场景，让老年人操作智能控制开关，实现对场景中智能家居（如智能灯、智能空调、智能冰箱、智能窗帘等）的操控，切身感受智能家居的便利。

三、模式评析

场景学习模式具有如下优势与不足：

（一）沉浸感强

建构主义认为，学习者要想完成对所学知识的意义建构，即达到对该知识所反映事物的性质、规律以及该事物与其他事物之间联系的深刻理解，最好的办法是让学习者到现实世界的真实环境中去感受、去体验（即通过获取直接经验来学习），而不是仅仅聆听别人（例如教师）关于这种经验的介绍和讲解。③该模式强调营造连接老年人智能技术学习与生活的真实场景，让老年人调用身体的多种感官刺激，与场景发生交互作用，产生身临其境之感，以获得智能技术应用的真实体验与感受。

（二）成本投入较高

不管是基于家庭或社区的场景，还是基于虚拟世界的场景，都需

① 叶浩生，麻彦坤，杨文登. 身体与认知表征：见解与分歧［J］. 心理学报，2018（2）：462–472.

② 焦彩珍. 具身认知理论的教学论意义［J］. 西北师大学报（社会科学版），2020（5）：36–44.

③ 叶忠海. 老年教育学通论［M］. 上海：同济大学出版社，2014：9.

要教师投入时间、精力对场景进行精心建构。而且，有些场景甚至还需要投入大量资金，例如，利用可穿戴设备，让老年人体验智能健康管理；利用VR眼镜，让老年人体验云端旅游；利用智能家居，让老年人体验智能家居生活；利用智能金融服务一体机，让老年人体会智能支付与反诈常识。

深度思考

　　基于上述"情境探究模式"和"场景学习模式"的了解，请您尝试从词义、特征、要素三个角度分析比较"情境"与"场景"的异同点，并说说"情境创设"与"场景建构"在方法上的异同点。

第七节　混合式教学模式的实施

　　随着数字技术的创新发展，老年教育正面临着以数字技术为引领的转型。2016 年，国务院办公厅在《老年教育发展规划（2016—2020 年）》中指出"运用信息技术服务老年教育。加强数字化学习资源跨区域跨部门共建共享，开展对现有老年教育课程的数字化改造，开发适合老年人远程学习的数字化资源"，"推动信息技术融入老年教育教学全过程，推进线上线下一体化教学"。[1]近年来，随着老年人学习需求的日益旺盛和智能设备的广泛普及，加之疫情的

---

　　① 国务院办公厅. 国务院办公厅关于印发老年教育发展规划（2016—2020年）的通知［EB/OL］.［2022-12-12］. http://www.moe.gov.cn/jyb_xxgk/moe_1777/moe_1778/201610/t20161019_285590.html.

冲击，整合在线学习与面对面教学的混合式教学模式逐渐涌现。混合式教学是指运用互联网、移动技术等数字技术，构建数字化学习平台和资源，营造线上线下一体化学习环境，帮助老年人实现数字化学习的一种模式。混合式教学的实施是基于一定的理论假设的[①]：①学习者原有的认知基础和学习目的、要求的差异，导致了学习方式的不同；②学习者对各种媒体的适应度是不同的；③不同的学习内容和问题，要求用不同的解决方式（不同的媒体与传递方式），关键是教学者如何针对特定的问题，提供恰当的混合方式；④混合式教学是教学者把各种优化的学习资源进行有机组合，达到1+1>2。简而言之，混合式教学的核心思想就是根据不同的教学问题与需求，选择与开发恰当的内容与环境，运用合适而有效的方法组织教学，最终实现教学过程的优化组合。

一、实现条件

为保证混合式教学模式的有效实施，应具备如下实现条件：

（一）应有丰富易用的数字化学习资源

数字化学习资源是混合式教学模式得以有效实施的必要条件。尽管当前我国已建有国家级和地方级的老年教育数字化学习资源，但是面向智能技术培训的资源相对匮乏，与老年人日益高涨的学习需求相比，还存在较大差距。第一，资源数量不足。智能技术种类多样，应用场景丰富，目前的老年教育数字化学习资源多以养老知识、健康养生、文化娱乐等方面为主，以智能技术为主题的资源仍显不足。第二，适老化设计不足。数字化学习资源的设计应树立"以老为本"的

[①] 王元彬. 混合式学习的设计与应用研究［D］. 济南：山东师范大学，2006：36-48.

理念，资源的内容组织与形式表达应符合老年人的认知水平与学习习惯，尽可能降低老年人在混合式教学过程中的认知负荷。目前的老年教育数字化学习资源多以独白式表达的单一方式为主，缺乏互动、引导，且与老年人日常生活场景的联系不够。第三，获取途径分散。目前的老年教育数字化学习资源仍分布零散，汇聚度高的资源平台仍较为欠缺，老年人无法快速便捷获取符合自己需求和兴趣的学习资源。

（二）教师应具备较好的混合式教学准备度

混合式教学准备度是教师在完成特定混合式教学工作中所表现出的能力和意愿水平。它包括有态度准备和能力准备。其中，前者指对混合式教学的有用性、易用性的感知以及自我效能感的判断；后者指对混合式教学理念、混合式教学法知识、混合式教学设计与实施能力的准备。有研究者指出，教师的混合式教学准备度高低会对教师开展混合式教学的行为意向产生影响。[①]由此推及，教师的混合式教学准备度越高，越有意向开展混合式教学，混合式教学效果会更好。试想一下，如果教师不清楚混合式教学设计的方法，不了解混合式教学所需要的信息技术手段，那么他将如何能够组织老年人开展混合式教学呢？

拓展阅读

冯晓英等人根据教师开展混合式教学的态度和能力准备水平，将教师开展混合式教学分为意向期、探索期和深化期三个阶段，各

---

① 张倩苇，张敏，杨春霞. 高校教师混合式教学准备度现状、挑战与建议［J］. 电化教育研究，2022（1）：46-53.

阶段教师在态度准备和能力准备上均有不同表现。①

处于意向期的教师，在态度准备上对混合式教学的有用性有模糊的意识和期待，同时对混合式教学的易用性、与自己原有教学的兼容性、自己开展混合式教学的信心等仍持怀疑态度；在能力准备上开始意识到混合式教学的潜在价值，但是对混合式教学的理念认识、混合式教学法知识、设计与实施混合式教学的能力要求都尚未有清晰的了解和认识。

处于探索期的教师，在态度准备上对混合式教学的优势和价值有了更具体的了解，也开始接受混合式教学在自己教学中的应用，并对开展混合式教学建立了初步但不稳定的信心；在能力准备上对混合式教学理念、混合式教学法知识都有了一定的认识和理解，具备了一定的混合式教学能力。

处于深化期的教师，在态度准备上从根本上认同并接纳混合式教学，能够全面客观地看待混合式教学的优势与困难，以及全面客观地看待自己开展混合式教学的能力，对于成功开展混合式教学建立了充分的信心，并愿意将混合式教学融入常规化教学中；在能力准备上对于混合式教学的教学理念、混合式教学与学科融合的教学法知识都建立了较为系统的、清晰的理解；熟练掌握了混合式教学实施的各项技能，并能灵活应用到教学中；同时在混合式教学实践中不断反思、改进和创新。

---

① 冯晓英，吴怡君，庞晓阳，等. 混合式教学改革：教师准备好了吗——教师混合式教学改革发展框架及准备度研究［J］. 中国电化教育，2021（1）：110–117.

（三）老年学习者应具备较好的混合学习准备度

老年学习者的混合学习准备度对其参与混合学习的体验和实际效益产生重要影响。混合学习准备度是指学习者参与混合学习的能力准备和态度准备。在态度准备上，包括对混合学习灵活性的认识、对网络自我效能感的判断、对数字化学习资源可用性与易用性的感知等。在能力准备上，包括数字技术的基本操作技能、自我导向学习能力、在线学习管理能力等。由于老年人的技术能力参差不齐，会在一定程度上影响其参与混合学习的动机和认同。这将为教师面向老年学习者开展混合式教学带来极大挑战。

二、操作程序

混合式教学模式具有时间混合、空间混合、方式混合、手段混合等灵活多变、综合多样的特点。可以说，混合式教学模式的操作程序千变万化，没有一套相对固定的做法。为充分发挥面对面教学与在线学习的优势，有研究者根据混合式教学的复杂度提出操作方法。混合式教学的复杂度包括四个层次：简单组合、结合、整合和融合。①

（一）简单组合

简单组合层次的混合式教学，就是将在线学习与面对面教学独立实施。根据课程的教学目标和内容，各自组织和实施教与学活动，相互之间互不影响。通常，在线学习基于在线学习平台展开，面对面教学多为传统的课堂教学、实践、操练等。例如，在"人工智能知多少"课程中，对于人工智能技术的陈述性知识，老年人在在线学习平台中自主学习完成；对于人工智能技术的程序性知识，老年人在课堂

---

① 穆肃，温慧群. 适应学生的学习——不同复杂度的混合学习设计与实施[J]. 开放教育研究，2018（12）：60-69.

中，在教师的引导下操作体验完成。这是一种复杂度最低的混合式教学，也是教师最容易学会和组织实施的。

（二）结合

结合层次的混合式教学，就是以传统课堂教学、实践和操练等面对面教学为主，在线学习活动只是对面对面教学的补充、拓展或延续，且多通过在线学习平台展开。例如，在"个人网络安全管理"课程中，教师主要在课堂教学中讲授个人网络安全管理的方法，课后在在线学习平台中推送相关的数字化学习资源（如：有关网络安全的法律、网络安全失范的事件等视频）供老年人延伸学习。这也是一种复杂度不高的混合式教学，也是教师们最常用的混合式教学。

（三）整合

整合层次的混合式教学，就是在线学习与面对面教学相互融入，在线学习活动和成效将影响面对面的课堂教学，课堂教学中也会进行在线学习活动，如课堂教学随时开展基于在线学习工具的问题讨论和作品分享（如：微信群等）。例如，在"轻松用微信"课程的"微信交流"单元教学中，在课前，教师在班级微信群发布"三步轻松学会微信交流"的微课，老年学习者利用空余时间自定步调学习；在课中，教师通过提问来诊断老年学习者对课前微课内容的掌握情况，发现大部分老年学习者掌握得不错，只有个别老年学习者存在困难。紧接着，教师针对老年学习者的困难点做出针对性解析；同时，提出进阶问题"如何让微信交流更加快捷"，引导老年学习者思考讨论，让经验丰富的学习者在班级分享，教师从旁强调、点拨、归纳、总结微信交流的技巧。最后教师给出任务：选择自己喜爱的方式给老师发送一条微信，并截图分享至班级微信群。老年学习者通过自主独立或者朋辈互助的方式完成任务，如果在课堂上没有及时完成任务的学习者可以在课后继续完成。可见，这种混合式教学的复杂度较高，在线学习与面对面教学不是完全独立，而是相互渗透和连接。教师需要对老年学习者的在线学习情况做出诊断，并以此为依据对面对面教学做出适度调整。

（四）融合

融合层次的混合式教学，就是以在线学习为主，面对面教学为辅。即使是面对面教学，也会利用在线教学平台或者学习工具等开展。例如，在"常见App的使用"课程中，教师通过直播和主题系列微课的方式组织老年学习者在线学习。教师安排每月两次的线下见面会，了解老年学习者的学习进度和学习问题，做集中答疑。每次答疑的情况会整理发布在班级微信群。这种混合式教学的复杂度最高，教师需要精通在线教学的技术、技能和方法，老年学习者需要熟练掌握在线教学平台和工具的使用，才能实现在线学习与面对面教学的无缝对接。

三、模式评析

混合式教学模式具有如下优势与不足：

（一）弹性灵活

混合式教学包含与教学有关的不同元素、不同方式和不同手段的混合，其目的是促进学习者的发展和学习效果的提升。结合老年人学习特点，教师可以借助数字化学习资源、在线直播、微信、QQ等网络技术延展课堂时空，构建线上线下一体化泛在学习环境，实现"时时可学，处处能学，人人皆学"的新形态。不仅可以缓解一部分老年人时间不自由的问题，还可以满足大部分老年人自由学习的需求，让更多的老年人都能参与智能技术的学习。

（二）助力老年人数字素养发展

当前，智能手机是老年人与外界联系的重要载体。老年人的智能手机基本操作技能、获取数字化学习资源的技能等是保证混合式教学有效实施的前提条件。在实施过程中，老年人不仅习得智能技术等课程知识，而且精进智能手机应用、网络技术应用等，形成利用技术支持学习的意识和方法。

（三）教学工作量增大

为保证混合式教学的效率和效果，教师在授课前需要为老年学习者精心筛选合适的学习资源、简单易用的数字工具或软件，尽量降低老年人参与混合学习的技术门槛。教师在授课中需要思考如何借助数字技术手段有效呈现智能技术类课程内容，如何借助数字技术有效组织老年学习者参与线上互动，使得老年人对智能技术知识的掌握能够做到入脑、入心并上手。在混合式教学实施中，若发现老年人出现在线学习困难，教师还需要提供必要的支持服务，这些都无形中增加了教师的工作量。

第七章

老年教育智能技术类课程的评价

评价最重要的意图不是为了证明，而是为了改进。[①]

——斯塔弗尔比姆（Stufflebeam，D.L.）

受老年教育性质、课程建设水平、受教对象特性等因素制约，课程评价在老年教育领域中长期处于"悬置"状态。有人认为，与基础教育、高等教育和职业教育不同，老年教育是一种非强制性教育，没有严格意义的课程标准，因此无法开展课程评价。也有人认为，老年教育课程纯属休闲娱乐，其目的在于丰富老年人的生活，愉悦老年人的身心，故没有必要进行课程评价。如前述，作为课程开发的过程而言，课程评价是必不可少的组成部分，与课程设计、课程实施同等重要。

第一节　课程评价的概述

在现代社会中，"评价"一词耳熟能详，且用途非常广泛。那

[①] 瞿葆奎. 教育评价［M］. 北京：人民教育出版社，1989：301.

么，"评价"是什么？在课程论领域，课程评价是什么？课程评价有什么功能？课程评价有什么取向？对这些问题的理解，将影响人们对老年教育课程评价的看法。

一、课程评价的概念

早在20世纪30年代，课程论专家泰勒强调，"评价的过程在本质上是一个确定课程与教学计划实际达到教育目标的程度的过程"[①]。这是一种典型的"评价达成观"，即评价是检验教育目标达成情况的一种途径。到了20世纪60年代，克隆巴赫（Cronbach，L.）认为，"评价能完成的最大贡献是确定教程需要改进的地方"[②]。与此观点类似的还有斯塔弗尔比姆（Stufflebeam，D.L.），他指出："评价最重要的意图不是为了证明，而是为了改进"，这是一种"评价改进观"，即评价是为改进教育提供有用信息的过程。这种观点在很长一段时间内都受到教育评价学界的重视，并作为教育评价的权威定义。在我国，评价是评定价值的简称。从本质上说，评价是一种价值判断的活动，是对客体满足主体需要程度的判断。[③]

基于评价概念的理解，人们对课程评价的定义也呈现出多样性。有学者给课程评价下的定义是：课程评价是指研究课程价值的过程，是由判断课程在改进学生学习方面的价值的那些活动构成的。[④]也有学者认为，课程评价是教育评价的重要组成部分，它是在系统调查与描

[①] ［美］泰勒. 课程与教学的基本原理［M］. 施良方译. 北京：人民教育出版社，1997：85.

[②] 瞿葆奎. 教育评价［M］. 北京：人民教育出版社，1989：164.

[③] 陈玉琨. 课程改革与课程评价［M］. 北京：教育科学出版社，2001：137.

[④] 施良方. 课程理论：课程的基础、原理和问题［M］. 北京：教育科学出版社，1996：149.

述的基础上对学校课程满足社会与个体需要的程度作出判断的活动，是对学校课程现实的（已经取得的）或潜在的（还未取得，但有可能取得的）价值作出判断，以期不断完善课程，达至教育价值增值的过程。①可见，课程评价有广义和狭义之分。广义的课程评价指的是教育评价。狭义的课程评价指对课程设计、课程实施过程、课程材料、教师教学表现以及学习者学习表现等方面的评价。正如课程论专家钟启泉先生所言，课程评价就是以一定的方法途径对课程计划、活动以及结果等有关问题的价值或特点作出判断的过程。②本书所述老年教育智能技术类课程评价取狭义界定。老年教育智能技术类课程的评价体现在对其课程设计、课程实施过程、课程材料、教师教学表现以及老年人学习表现等方面的系统全面评估，以获取改进、优化、完善课程的有用信息，真正实现老年人数字素养的发展。

拓展阅读

　　古代的课程评价产生于我国西周时期，主要用于人才选拔。古代评价的方法主要是通过口试、笔试或观察来判定效果。现代的课程与教学评价是在改造古代评价的基础上，借助于教育科学化运动，通过运用心理学、统计学等学科的原理和方法而逐步确立的，经历了具有不同特征的四个基本阶段：①测量阶段（20世纪初至30年代），其特征是测量理论的形成和测验技术在课程与教学中的广泛应用，对如何科学地解决课程与教学信息的收集问题作出了贡献。②目标模式阶段（20世纪30—40年代），其特征是对测验结

①　陈玉琨. 课程改革与课程评价［M］. 北京：教育科学出版社，2001：137.

②　钟启泉，李雁冰. 课程设计基础［M］. 济南：山东教育出版社，1998：485.

果作描述，意在确定什么样的学习目标模式对学习者学习最有效。③目标参照测验阶段（20世纪50—70年代），其特征是关注目标的实现，注重以目标为参照系进行价值评判，有力地促进了评价标准的发展。④人本化阶段（20世纪80年代至今），其特征是突出评价中的人本主义精神，强调评价者和评价对象之间的不断交互作用、共同建构与全面参与。

二、课程评价的功能

课程评价具有"导向""激励""检查"和"改进"功能。

（一）导向功能

课程评价的导向功能是指评价具有引导评价对象朝着预定目标前进的作用。这是因为在课程评价中，对任何评价对象所做的价值判断，都是根据一定的评价目标或标准进行的。这些评价目标或标准为评价对象确立了努力的方向。

（二）激励功能

正因为课程评价有导向功能，所以，课程评价有利于激发评价对象的成就动机，激励他们不断朝着目标付出努力。加之，课程评价往往要对评价对象做出一定的价值判断，这些直接影响着评价对象的积极性。

（三）检查功能

课程评价是检查课程与教学工作的重要手段。在评价中，根据收集到的各种信息材料，依据评价目标或者标准对评价对象做出价值判断，衡量其水平状态或者达到目标的程度，从而发现问题，总结经验和教训。

（四）改进功能

通过课程评价，建立起课程与教学的反馈通道，为课程设计与教学实施提供丰富且较为准确的反馈信息，从而改进课程设计，优化教学实施，不断提高课程与教学质量。

三、课程评价的类型

根据不同的依据和标准，可以将课程评价归纳为特征不同的若干类型。

（一）根据评价主体的不同来分

根据评价主体的不同，课程评价可以分为自我评价与他人评价。自我评价是指评价对象按照一定的评价目的与要求，对自身的工作、学习、思想等方面的表现进行的价值判断。自我评价是建立在对评价对象信任的基础上，能够激发评价对象的自尊心、自信心，发挥评价对象在评价中的积极性。他人评价是指评价对象以外的人对评价对象进行的评价。例如，教育行政部门的鉴定性评价、督导评价、专家评价、同行评价、社会评价等。他人评价从外部反映评价对象的情况，比较客观，且可信度较高，具有一定的权威性。

（二）根据评价标准的不同来分

依据评价标准的不同，课程评价可以分为相对评价与绝对评价。相对评价是指依据评价对象集合来确定评价标准，然后利用这个标准来评定每个评价对象在集合中的相对位置。这种评价重视评价对象在集合中的相对位置，其评价结果并不必然表示评价对象的实际水平。

绝对评价是指以预先制定的目标为评价基准，评价每个评价对象达到目标或基准的程度。这种评价实质上是一种目标参照评价，它关心的是评价对象达标的程度，其评价结果在很大程度上可以反映评价对象的实际水平。通常而言，绝对评价较为客观、准确。

（三）根据评价作用的不同来分

根据评价作用的不同，课程评价可以分为诊断性评价、形成性评价和总结性评价。诊断性评价是在课程开始之前所进行的预估性、摸底性评价。其目的是了解评价对象的基础和情况，为接下来的教学工作做准备。形成性评价是在课程开发过程中对课程设置、课程设计、教师教学和学习者学习的状况进行的系统性评价。其目的是了解课程开发动态过程的效果，及时反馈信息，以便及时修正和调节。总结性评价是指在课程开发告一段落之后对最终成果进行的评价。其目的是了解课程开发达到预期目标的情况以及它的最终效果。

（四）根据评价规范程度的不同来分

依据评价规范程度的不同，课程评价可以分为正式评价和日常评价。正式评价是指根据明确的评价目标，通过规范的评价程序，使用经过设计检验的评价工具收集信息资料，系统地、有针对性地了解评价对象状况的评价。这种评价标准统一、评分规范、可靠性强。日常评价是指在日常教学活动中，评价者与评价对象在互动中，评价者以观察和交流的方式了解评价对象状况的评价。这种评价灵活度高，不是以固定的评分规范来评定评价对象，有利于全面深入地掌握评价对象的信息，促进评价对象的改进。

（五）根据评价方法的不同来分

根据评价方法的不同，课程评价可以分为定量评价和定性评价。

定量评价是指采用数学的方法，收集和处理数据资料，对评价对象做出定量结果的价值判断。这种评价力求突出客观性、科学性和标准化。定性评价是指根据评价者采用观察或者文字表述的方式对评价对象平时的表现、学习状态或结果做出定性结论的价值判断。这种评价较为个性化、主观化和灵活化。

四、课程评价的取向

课程评价是研究课程价值的过程。课程评价的取向是指课程评价活动所表征的某种特殊价值观念，还包含着在此观念支配下的具体操作方式与行为策略。[①]评价取向的不同反映了课程评价观或价值立场的迥异，也会影响或导致评价者在评价目的、评价方法、评价手段等方面的差别。通过文献梳理发现，历史上课程评价存在着三种取向：目标取向、过程取向和主体取向。[②]随着课程评价改革不断深化，三种取向逐渐融汇，嬗变为"教学评一体化"的融合取向。

（一）目标取向

目标取向的课程评价认为，课程评价的目的在于分析课程目标的达成程度，以此确定实际课程实施效果与预定课程目标之间的差距，并利用此差距信息作为依据来完善课程计划或修订课程目标，调整课程方案。换言之，课程目标既有规范课程实施的功能，又有评判课程效果的功能。目标取向的课程评价受行为主义学习理论和测量统计学的影响，追求的是通过对"预设目标是否达成"的测量实现评价的客观性、准确性和科学化。这种评价属于"证价判断"[③]，即一种事后判

---

① 靳玉乐. 课程论［M］. 北京：人民教育出版社，2015：351.
② 靳玉乐. 课程论［M］. 北京：人民教育出版社，2015：351–352.
③ 曾文婕，黄甫全，余璐. 评估促进学习何以可能——论新兴学本评估的价值论原理［J］. 教育研究，2015（12）：79–88.

断，陈述或记录那些给定的价值和效用。

（二）过程取向

过程取向的课程评价关注被评价者在课程实施过程中的具体表现，包括行为变化、态度转变、意识养成、情感发展等。它超越了对既定学习结果的测量，凸显学习过程的表现，彰显出生成性学习价值，属于"创价判断"①，即对通过某一种学习行动才有可能成为存在的价值的判断。它是一种社会建构主义方式，强调评价过程本身的价值，把被评价者在课程实施过程中的全部情况都纳入评价范围，使得被评价者的主体性和发展性受到关注。

（三）主体取向

课程评价并非教师的"独角戏"，而是师生"大合唱"，要求学习者自觉行使话语权，高度参与其中。学习者既是被评价者，也是评价者。学习者只有成为自己学习活动的优秀评价者，才可能成长为独立自主的终身学习者。②主体取向的课程评价认为，课程评价是评价者与被评价者共同建构意义的过程。③意思是，评价者与被评价者是整个评价过程的主体，他们以自己的价值观参与评价过程。尤其是被评价者，他们不是游离在评价之外。一方面，被评价者共享学习意图，在课程学习或活动展开之前教师要让学习者明确自己要学习什么以及达到什么目标，用学习者能理解的语言表述并植入学习环境之中；另一方面，被评价者共享成功标准，教师要组织学习者参与成功标准制

---

① 曾文婕，黄甫全，余璐. 评估促进学习何以可能——论新兴学本评估的价值论原理［J］. 教育研究，2015（12）：79–88.

② 余璐，黄甫全，陈琳，等. 善评者善学：学生评估素养的缘起、构成及发展策略［J］. 教育发展研究，2018（6）：54–61.

③ 张华. 课程与教学论［M］. 上海：上海教育出版社，2000：393.

定，使之清楚知晓自己学习成功的具体指标以及达成路径，主动施行达标任务，并能够辨别自己的学习成功与否。①

（四）融合取向

目标取向的课程评价过于强调基于目标的测量，容易使人们陷入或局限于评价学习结果的价值有无与高低上。过程取向的课程评价也面临着如何扬弃基于目标的测量而把评价整合到教学活动之中的问题。为此，"教学评一体化"的融合取向逐渐显现，努力实现目标取向、过程取向、主体取向的融合。融合取向的课程评价认为，在真实的学习经验世界中，教、学、评三者不是割裂的，而是一体化的，相互交融、不分彼此。评价即是教学，教学即是评价，评价即是学习，学习即是评价。在课程教学中，师生协商确定具体可行的教学目标与评价标准，教师把评价任务开发为学习任务，收集和解释学习者在完成任务中的各种证据，不断检测学习者完成学习任务的情况，给予学习者持续反馈，帮助学习者自我反思、自我调节、自我发展。

第二节　老年教育智能技术类课程评价的特征

借鉴课程评价的融合取向，结合老年教育课程的特殊性，老年教育智能技术类课程评价凸显出"以素养发展为导向""关注过程性表现""重视差异化评价"的特征。

---

① 曾文婕，黄甫全，余璐. 评估促进学习何以可能——论新兴学本评估的价值论原理［J］. 教育研究，2015（12）：79-88.

一、以素养发展为导向

评价的目的在于促进学习者的发展与完善，力求使学习者学习潜能得到最大限度的发挥。虽然老年教育是一种按需补给的教育，但是从国家终身教育体系和学习型社会建设的角度来看，其对老年人的发展是必要的。从这个意义上来说，老年教育课程评价不是或有或无，而是一项必要的工作。它从发展的视角看待老年人的学习活动，将课程教学看成是老年人生命价值延展和优化的重要途径。这是积极老龄化背景下老年教育课程开发的根本要义。

老年教育智能技术类课程开发以提升老年人数字素养为总体目标，意味着课程设置、课程计划、课程教学过程等都要以老年人数字素养发展为导向。这要求课程评价应强化素养发展导向，注重从老年人的智能技术设备与软件操作技能、信息与数据素养、安全与伦理素养、数字场景应用素养、交流沟通素养、数字内容创作素养等方面对课程评价对象做出科学客观的评价。

二、关注过程性表现

"教学评一体化"的融合取向强调将所欲的学习结果转化为内在的评价标准，将评价任务开发为学习任务，强调对学习者课程学习的整个进程开展持续性诊断，并根据这些诊断信息的反馈对下一步的教与学做出调整，以实现评价与教学、评价与学习相融合。这意味着教师在开展课程实施时，要注意把评价内容设计为教学内容，以及在教学过程中要持续获取学习者学习价值的生成情况，进而作出有针对性的教学决策。

数字素养的提升并非一蹴而就之事，而是贯穿在学习过程的始终，是逐步内化与外化的一个过程。老年教育智能技术类课程评价应渗透"学习行动中评价"的理念。这要求课程评价应关注老年学习者的过程性表现，即在真实生活或是课堂构建的与真实情境无限接近的模拟情境背景下，通过老年人在解决问题或完成任务时的表现来评价他们已经获得的数字素养、建立的技术价值认同、形成的学习获得感等。例如，行为表现、回答问题表现、作品表现、态度表现等。如此一来，解决的问题或完成的任务既是老年学习者需要学习的内容，也是教学的内容；问题解决的情况或任务完成的情况既与预定的课程目标相联系，又是动态发展变化的。

三、重视差异化评价

老年教育课程评价的主体不仅仅是教师或是老年教育机构的人员，还应包括老年学习者。老年学习者能力水平有差异，不适宜采用统一的课程评价标准衡量，而应建立评价标准等级，实现差异化评价。一方面符合老年人的实际情况，另一方面为老年人提供发展可能。以老年人数字素养中的"数字场景应用素养"为例，可以确定该素养的评价标准等级（如表7–1所示）。

表7–1　"数字场景应用素养"的评价标准的描述

一级指标	二级指标	各项指标的评分标准及说明
数字场景应用素养	了解生活场景中的App	4分：我很了解在各种生活场景中常用的App
		3分：我了解在各种生活场景中常用的App
		2分：在自我体验中，我了解在常规的生活场景中常用的App
		1分：在他人的指导或协助下，我初步了解在一些常规的生活场景中的App

（续表）

一级指标	二级指标	各项指标的评分标准及说明
数字场景应用素养	知道App的应用场景服务	4分：我非常熟悉出行、就医、消费、文娱、办事等生活场景中App提供的多样服务
		3分：我熟悉出行、就医、消费、文娱、办事等生活场景中App提供的多样服务
		2分：在自我体验中，我知道出行、就医、消费、文娱、办事等生活场景中App提供的常规服务
		1分：在他人的指导或协助下，我初步知道出行、就医、消费、文娱、办事等生活场景中App提供的常规服务
	利用App解决实际问题	4分：我完全能根据自己的生活需要，独立选择合适的App服务解决复杂问题，还能指导或帮助他人解决问题
		3分：我能根据自己的生活需要，独立选择熟悉的App服务解决较为复杂的问题
		2分：在自我体验中，我能根据自己的生活需要，选择熟悉的App服务解决常见问题，必要时，需要在他人的指导下完成
		1分：在他人的指导或协助下，我初步能用App服务解决简单的生活问题

应用迁移

　　本书第二章提出了"'三阶六维'老年人数字素养框架"，请您选择任意一个素养维度，参照上述"数字场景应用素养"评价标准等级，尝试描述该素养维度的评价标准等级。

第三节　老年教育智能技术类课程评价的对象

在数字时代，随着全民终身学习与学习型社会的加快推进，老年教育受到越来越多的关注，课程开发必将成为老年教育的持久性话题，课程评价将从"悬置"状态重新走进老年教育工作者的视野。老年教育智能技术类课程评价的对象比较复杂，涉及因素较多，重点集中在"课程设计""课程实施""课程评价"三个方面。

一、课程设计的评价

课程设计的评价，实际上是对课程要素的评价，包括作为产品的课程计划、课程标准、课程材料等的评价，旨在考察指导理论、课程目标与实施路向等问题。对课程计划的评价侧重点在于其合理性和可行性；对课程标准的评价侧重点在于其是否符合课程开发的改革脉络；对课程材料的评价侧重点在于其内容的正确性、可理解性和可行性。[①]由于各地的老年教育差异较大，难以有一个相对统一的规范要求，所以通常不考虑课程标准的设计。老年智能技术类课程设计的评价主要是对课程计划和课程材料做出价值判断。

（一）课程计划的评价

课程计划的评价重心是课程设置的评价，分析判断开设的智能技术类课程是否体现普惠教育观、赋权增能观、体验学习观，课程目标与内容是否有助于提升老年人的数字素养、满足老年人的多层需求、助力老年人康养结合，课程实施是否有支持性物质条件、人员条件、

---

① 黄甫全. 现代课程与教学论（第三版）［M］. 北京：人民教育出版社，2014：458.

场所条件、制度条件等。

（二）课程材料的评价

课程材料的评价可以分别按照不同的课程材料加以评价。以微课为例，可以从选题设计是否简明、是否科学，内容组织与编排是否逻辑清晰、是否符合老年学习者的认知规律、是否能与老年学习者产生互动、是否能启发老年人思考，内容呈现方式是否精彩有趣、是否能调动老年学习者的积极性，媒体素材是否丰富、是否符合教学需要、是否与内容具有内在一致性、是否根据老年人的特点做到内容重点突出，视频画质是否清晰、图像是否稳定，解说声音是否清楚、是否富有感染力等方面进行评价。

二、课程实施的评价

课程实施的评价，就是对课程在实施过程中，教师教学和学习者学习的评价，意在考察课程材料的使用、教学方法的设计、教学活动的组织等问题。老年智能技术类课程实施的评价就是对教师教学和老年学习者学习的情况做出价值判断。

（一）教师教学的评价

教师教学的评价重点在于教师教学过程的评价。教师教学过程是指教师组织实施智能技术类课程教学活动的过程。例如，考察教师是否以课程目标作为教学活动的基本依据，是否根据智能技术类课程的内容要求来设计教学方法、组织教学活动，是否根据老年学习者的学习偏好和认知特点来设计教学方法、组织教学活动，是否提供便于老年学习者获取的优质数字化学习资源；是否选择方便老年学习者使用的数字化教学平台；是否为老年学习者创设可感知、可体验的智能技术学习环境，是否关注老年学习者的各种学习表现、实时对老年学习者的学习情况做出反馈、及时调整和引导老年学习者行为，是否采用多种方式评价老年学习者的学习表现。

（二）老年学习者学习的评价

老年教育智能技术类课程实施的主要目的在于为老年学习者提供智能技术学习的途径、资源和方法，使老年学习者获得智能技术知识和技能，最终发展老年人数字素养。所以，老年学习者学习的评价是课程评价的核心组成部分。可以说，老年学习者学习评价的好坏直接影响了课程教学质量的高低。对老年学习者学习的评价，不仅包括学习结果的评价，还包括学习过程的评价。学习结果的评价就是对通过智能技术课程教学后老年学习者达到课程目标的程度、完成任务的情况、实践作品的优劣、数字素养的提高、课程满意度的情况、课程获得感的情况等方面做出价值判断。学习过程的评价就是对老年学习者参与智能技术课程教学活动情况的评价，如课程材料使用情况、与教师和朋辈的交互程度、参与展示分享的情况等。此外，老年学习者的学习动机、学习韧性等，对老年学习者掌握与应用智能技术产生无形影响，也是老年学习者学习过程评价不可忽视的重要方面。

三、课程评价的评价

课程评价的评价就是对课程评价做出的评价，判断课程评价的价值与效果。这是一种元评价，就是在评价过程中，为了检讨评价方案，检讨评价实施过程与结果，总结成功经验，纠正评价工作的不足，对课程评价进行再认识、再深化、再提高，对正在进行或已完成的评价作出进一步评价反思和价值判断。例如，考察课程设计和课程实施的评价标准是否合理、评价方法是否妥当、评价手段是否科学。

老年教育课程评价主体多样，有老年教育行政部门、老年开放大学、社区老年教育机构、老年教育课程开发人员（含教师）、老年学习者。请您思考：

（1）对于课程设计的评价，您认为适合参与的评价主体有哪些？理由是什么？

（2）对于课程实施的评价，您认为适合参与的评价主体有哪些？理由是什么？

（3）对于课程评价的评价，您认为适合参与的评价主体有哪些？理由是什么？

第四节　老年教育智能技术类课程评价的方法

课程评价有许多具体的行之有效的方法与方便实用的工具。课程评价的方法与工具的确定取决于课程评价的目的、课程评价对象的特点以及评价者自身的水平与客观条件。结合老年教育课程的特殊性，我们可以采用指标法、量表法、调查法等对老年教育智能技术类课程评价对象进行评价。

一、指标法

运用指标法开展课程评价的基本程序如下：①明确课程评价对

象；②编制专门的评价指标体系；③评价人员依据自己对评价指标体系的理解，独立地在评价指标体系的每个指标项中给予确定的等级或分数；④汇总所有评价人员的评价指标体系，运用一定的统计方法对所得数据进行处理分析，得出评价对象的总得分。

指标法的关键是评价指标体系的构建。评价指标体系是反映评价目标各个要素之间的关系及其重要程度而建立的量化系统。评价指标体系包括指标项、权重（或等级）和评价标准。其中，指标项表明评价的内容，权重（或等级）表明各个指标项的重要程度，评价标准表明实施评价的依据和方法。[①]本书列出的用以评价老年教育智能技术类微课和老年数字摄影课作品的评价指标体系，以供参考，具体指标如表7-2、表7-3所示。

表7-2　老年教育智能技术类微课评价指标体系

一级指标	二级指标	标准描述	得分
教学选题（10分）	选题简明	微课选题"小而精"，围绕某个知识点，目标明确	
	选题典型	围绕常见、典型、有代表性的智能技术应用问题或内容进行设计	
教学内容（20分）	科学正确	概念描述严谨，无科学性错误，无敏感性内容导向	
	逻辑清晰	教学内容的组织与编排符合老年学习者的认知规律，逻辑性强，明了易懂	
教学过程（50分）	目标达成	达成符合老年学习者自主学习、方便教师教学使用的目标，通用性好，交互性强，能够有效帮助老年学习者解决实际问题	
	启发思考	符合老年教育的理念，合理设置情境和问题，启发老年学习者积极思考	

---

① 谢幼如，李克东. 教育技术学研究方法基础［M］. 北京：高等教育出版社，2017：176.

（续表）

一级指标	二级指标	标准描述	得分
教学过程 （50分）	精彩有趣	教学过程深入浅出，精彩有趣，能调动老年学习者的积极性	
	形式新颖	微课构思新颖，富有创意，形式丰富	
技术规范 （20分）	媒体使用	媒体素材丰富，与教学内容具有内在一致性，符合老年学习者的认知负荷要求	
	内容呈现	根据老年学习者的阅读习惯，微课的文字、符号、色彩等简洁明了，重点突出	
	视频规范	微课视频一般不超过10分钟，视频画质清晰、图像稳定、构图合理、声画同步	
	语言规范	微课解说使用规范语言，发音标准，声音清楚，语言富有感染力	
总分			

表7-3 老年数字摄影课作品评价指标体系

指标	等级				得分
	优秀 （3分）	良好 （2分）	合格 （1分）	不合格 （0分）	
主题	主题很明显，与摄影任务要求联系紧密，能引起欣赏者共鸣	主题较为明显，与摄影任务要求联系较为紧密，较能引起欣赏者共鸣	主题不太明显，与摄影任务要求联系不太紧密，不太能引起欣赏者共鸣	主题不明显，与摄影任务要求联系不紧密，不能引起欣赏者共鸣	
构图	作品主体突出，有明显的视觉焦点，布局合理稳定，具有美感	作品主体较为突出，可见一定的视觉焦点，布局较为合理，有一定美感	作品主体多，视觉焦点不太突出，布局一般，美感不足	作品主体过多，视觉焦点不突出，布局杂乱无章，没有美感	

（续表）

指标	等级				得分
	优秀 （3分）	良好 （2分）	合格 （1分）	不合格 （0分）	
色彩	色彩鲜艳、饱和、丰满，层次分明，感染力强，能很好地表达作者的创作意图	色彩较为鲜艳、饱和、丰满，层次较为分明，感染力较强，能较好地表达作者的创作意图	色彩单调，层次不够分明，感染力不强，不太能表达作者的创作意图	基本上没有色彩技巧的运用，色彩昏暗，缺乏层次，无法表达作者的创作意图	
光线	光线运用灵活巧妙，轮廓清晰，视觉冲击力强	光线运用较为灵活巧妙，轮廓较为清晰，视觉冲击力较强	光线运用一般，轮廓不太清晰，视觉冲击力弱	基本上没有光线技巧的运用，轮廓模糊，无视觉冲击力	
对焦	对焦十分清晰，曝光正确	对焦较为清晰，曝光良好	对焦效果较差，曝光一般	对焦模糊，曝光不够	
创意	创意感强，能强烈吸引人的注意	创意较好，能较好引起人的注意	创意一般，不太能引起人的注意	无创意，无法吸引人的注意	
总分					

二、量表法

运用量表法开展课程评价的基本程序如下：①明确课程评价对象；②编制专门的量表；③评价人员根据量表的项目描述，选择符合评价对象的等级，并赋予特定的分值；④运用一定的统计方法对所得数据进行处理分析。

量表法的关键是评价量表的设计。量表的种类很多，其中评定量表的应用最为普遍。本书列出的用以评价老年人数字素养的量表，以供参考，具体指标如表7-4所示。

表7-4　老年人数字素养量表

	项目描述	完全同意	同意	不同意	完全不同意
设备与软件操作	我了解和掌握常用的数字设备（如：智能手机）的基本功能、特性以及操作步骤				
	我了解和掌握常用的数字软件（如：聊天软件、打车软件、导航软件、图片处理软件、视频编辑软件等）的基本功能、特性以及操作步骤				
信息与数据素养	我能根据需求，访问、浏览和搜索网络信息、数据和数字内容				
	我能根据需求，对网络信息、数据和数字内容做出批判性评估、选择和使用				
安全与伦理素养	我知道数字设备使用的好处和风险				
	我知道网络信息、数据和数字内容的使用和传播受法律约束，不可以在网络上散布敏感、不实、不良的内容和信息				
	我能用数字设备创建、采用和管理一个或多个数字身份，并能维护个人的数字信誉				
	我具备个人数据和隐私保护的意识				
	我了解和掌握保护数字设备、数字内容和个人数据安全的方法				
	我具备数字内容版权的自我保护与他人保护意识				

（续表）

	项目描述	完全同意	同意	不同意	完全不同意
数字场景应用素养	我了解在各种生活场景中常用的App				
	我知道出行、就医、消费、文娱、办事等高频的生活场景中App提供的服务				
	我能根据生活需要，选择合适的App服务解决问题				
交流沟通素养	我知道数字化通信工具进行交流的方式，并根据需要选择恰当的数字化交流方式				
	我愿意并且能够利用数字化通信工具分享信息与内容				
	我愿意通过数字化手段参与社会生活，积极主动与他人建立和维持良好的人际关系				
数字内容创作素养	我积极参与数字内容创作				
	我能在数字化环境中寻求发展与提升自我能力的机会				

　　除了评等量表以外，核查量表也经常被用于课程评价中。核查量表是一组列出表现或成果的测量向度，并且提供简单记录"是"或"否"判断的资料表。在使用核查量表来评价时，只要依序列出这些评价内容，然后评价者逐一核对被评价对象的表现是否发生即可。若该表现行为已经发生，则评价者只要在对应的表现行为描述之处打个"√"号；若该表现行为未曾发生，则评价者无须在对应的表现行为描述之处做任何记号，继续下一个项目的评价即可。表7–5是"微信交流"一课中用以观察老年学习者表现行为的核查量表。

表7-5 "微信交流"一课中老年学习者表现行为核查量表

行为表现	是否发生
1. 在课堂中，经常主动提问并积极回答教师的问题	
2. 听从教师指令，用微信完成文字交流、语音交流和视频交流的学习任务	
3. 自己反复练习微信交流的操作	
4. 在学习任务完成的过程中，与同伴分享微信交流的技巧与经验	
5. 在小组合作学习中，主动向同伴讲解、演示微信交流的操作	
6. 在小组合作学习中，回答同伴提出的疑问	
7. 在小组合作学习中，协助同伴解决微信交流操作上的问题	

三、调查法

课程评价也可以采用调查法。调查法主要有问卷调查和访谈调查两种方式。问卷调查的程序是：根据课程评价的目标与评价对象的要求，编制专门的调查问卷，向相关人员（如：老年学习者、老年教育课程开发人员、社区老年教育机构等）发放问卷进行调查，收集处理问卷数据，并对课程评价对象做出定量的评价。访谈法的程序是：设计访谈提纲，召集相关人员进行焦点访谈或者团体访谈，根据访谈提纲询问，了解人们对课程评价对象的意见，最后对访谈记录进行分析，做出定性评价。

问卷是问卷调查的主要工具。科学地研制问卷，是问卷调查的关键。通常而言，问卷包括前言、个人特征资料、事实性问题和态度性问题四个基本部分。①前言部分即问卷开头前的一段简短的文字，说明调查的目的、指导被调查者如何填答。②个人特征资料部分即问卷中关于被调查者个人特征信息的问题，如性别、年龄、教育程度、学习偏好等。在设计问卷时，个人特征信息的问题设置需要根据调查目的而定。③事实性问题是指要调查和了解被调查者客观存在或者已经发生的行为事实，如发生行为的时间、频率、方式，以及是否有发生行为等。④态度性问题是指要调查和了解被调查者对某事物的态度倾向，如喜欢或不喜欢、满意或不满意、赞成或不赞成等。表7-6是老年人参与智能手机课程情况的调查问卷（节选）的示例，以供参考。在表7-6中，1～3题是个人特征资料问题，4～6题是事实性问题，7～9题是态度性问题。

表7-6　老年人参与智能手机课程情况的调查问卷

敬爱的老年学员：

　　本次调查旨在广泛了解广州老年开放大学开设的智能手机课程的实施情况，以及老年学员对该课程的态度，以便为课程开发人员对课程的优化与完善提供可行建议。

　　回答本问卷时，答案要尽可能坦诚与完整。本次调查结果的可靠性，取决于您在回答问题时是否能够说出自己的真实想法。

　　本问卷基本采用选择答案的方式填写，"○"表示只可以选择一项，"□"表示可以选择多项。在填答过程中，如果遇到问题，可以请求工作人员的协助。

　　本问卷为无记名形式，不涉及个人隐私，您的回答结果不会透露给任何人，请您根据自己的真实情况放心填写。衷心感谢您的合作！

广州老年开放大学智能技术类课程开发小组

1．您的年龄是：

○ 50～54　　　○ 55～59　　　○ 60～64　　　○ 65～69　　　○ 70以上

2．您的性别是：

○ 男　　　　　　　　○ 女

3．您的教育水平是：

○ 小学　　　　○ 初中　　　　○ 高中　　　　○ 大学　　　　○ 其他

4．您使用智能手机的频率和时长是：

○ 每天使用1小时以下　　　○ 每天使用2～3小时　　　○ 每天使用3小时以上

5．在智能手机课程中，您学会了智能手机的操作有：

□ 拨打电话　　□ 接听电话　　□ 查看来电　　□ 编辑信息　　□ 查看信息
□ 回复信息　　□ 通讯录设置　　□ 手机拍照　　□ 手机录像　　□ 查看相册

（续表）

> ☐ 用浏览器搜索、浏览信息　　　　☐ 在手机应用商店搜索、下载App
> ☐ 手机安全设置（如：开机密码）
> ☐ 手机系统设置（如：字体大小、音量大小等）
>
> 6. 在智能手机课程中，教师采用教学的方式有：
>
> ☐ 讲—演—练结合　　　　　　　☐ 课前课后提供操作视频
> ☐ 小组合作　　　　　　　　　　☐ 成果展示汇报
> ☐ 一对一个别指导　　　　　　　☐ 问题教学
> ☐ 情境教学　　　　　　　　　　☐ 场景教学
>
> 7. 学习智能手机课程，您认为对您是否有帮助（如果有帮助，请继续填答第8题；如果帮助不大或没有帮助，请继续填答第9题）：
>
> ○ 很大　　　　○ 大　　　　○ 一般　　　　○ 不大　　　　○ 完全没有
>
> 8. 学习智能手机课程，您认为对您有哪些帮助：
>
> ☐ 方便与亲朋好友联系
> ☐ 方便娱乐悠闲（如：看视频、听音乐等）
> ☐ 方便办理生活服务业务（如：缴费、挂号、充值等）
> ☐ 方便查找自己需要的信息
> ☐ 方便出行（如：购买车票、网上约车、地图导航等）
>
> 9. 学习智能手机课程，您认为对您没有帮助的原因是：
>
> ☐ 课程内容不实用
> ☐ 课程内容太难，我听不懂
> ☐ 课程内容太简单
> ☐ 教材内容复杂，逻辑性不强，我看不懂
> ☐ 教材的字太小，我看不清
> ☐ 教师很少联系我的日常生活经验，学起来很吃力
> ☐ 教师在讲授操作步骤时，不够详细，速度太快
> ☐ 教师提供的操作示范视频没有字幕，听不清教师的讲解
> ☐ 教师提供的操作示范视频太长，我记不住

　　访谈提纲是访谈调查的主要工具。它是一个粗线条的、列出要了解的问题要点和内容范围的提示性材料，在访谈过程中可以灵活修改和调整。评价者在拟定访谈提纲时需要考虑如下问题：①这个问题有必要问吗？这个问题是否涵盖了评价目的？②被访谈者是否有回答问题的信息储备？是否允许信息出现偏差？③访谈问题是否以价值中立的措辞来表达？④被访谈者愿意在什么情况下提供信息？

应用迁移

　　明确课程评价目标，确定课程评价对象，选择课程评价方法，研制一份评价指标体系，或者一份评价量表，或者一份调查问卷，或者一份访谈提纲。

参考文献

1．黄甫全，吴建明．课程与教学论［M］．北京：中国人民大学出版社，2019．

2．黄甫全．现代课程与教学论［M］．3版．北京：人民教育出版社，2014．

3．黄甫全．现代课程与教学论［M］．北京：人民教育出版社，2011．

4．［美］泰勒．课程与教学的基本原理［M］．罗康，张阅译．北京：中国轻工业出版社，2014．

5．靳玉乐．课程论［M］．北京：人民教育出版社，2015．

6．施良方．课程理论：课程的基础、原理和问题［M］．北京：教育科学出版社，1996．

7．谢幼如，尹睿．网络教学设计与评价［M］．北京：北京师范大学出版社，2018．

8．谢幼如，柯清超，尹睿．教学设计原理与方法［M］．北京：高等教育出版社，2016．

9．［美］凯·M．普赖斯，卡娜·L．纳尔逊．有效教学设计——帮助每个学生都获得成功：第4版［M］．李文岩，等译．北京：中国人民大学出版社，2016．

10．尹睿．小学现代教育技术应用［M］．北京：中国人民大学出版社，2023．

11．陈斌，尹睿．现代教育技术［M］．北京：北京师范大学出版社，2017.

12．〔美〕布鲁斯·乔伊斯，玛莎·韦尔，艾米莉·卡尔霍恩．教学模式〔M〕．9版．上海：华东师范大学出版社，2021.

13．胡中锋．教育评价学〔M〕．北京：中国人民大学出版社，2016.

14．谢幼如，李克东．教育技术学研究方法基础〔M〕．北京：高等教育出版社，2017.

15．林元和，王友农．中国老年教育理论研究与国际对接（2019）〔M〕．广州：广东人民出版社，2020.

16．叶瑞祥，卢璧锋．老年教育学与教的原理〔M〕．北京/西安：世界图书出版公司，2019.

17．董之鹰．老年教育学〔M〕．北京：中国社会出版社，2008.

18．叶忠海．老年教育学通论〔M〕．上海：同济大学出版社，2014.

19．杨德广．老年教育学〔M〕．北京：人民教育出版社，2016.

20．陈福星．老年教育概论〔M〕．济南：山东人民出版社，2004.

21．张志杰，王铭维．老年心理学〔M〕．重庆：西南师范大学出版社，2015.

22．肖健，胡军生，高云鹏．老年心理学〔M〕．北京：北京大学出版社，2013.

23．张永，孙文英．老年教育心理学〔M〕．上海：同济大学出版社，2014.

24．〔美〕劳拉·E．伯克．伯克毕生发展心理学〔M〕．陈会昌，等译．北京：中国人民大学出版社，2020.

25．钟天炜，姚雅晴．"银发"潮人的智慧生活〔M〕．广州：

广东人民出版社，2022.

26．张国杰，吴杰锋，陈志聪，等．人人爱摄影［M］．北京：电子工业出版社，2020.

27．谢宇．新时代老年教育赋能"老有所为"的路径构建策略［J］．成人教育，2021（6）：26-32.

28．张国杰，尹睿．周依慧，等．智能时代，老年人准备好了吗？——基于2004名老年学员的调查分析［J］．当代职业教育，2022（5）：43-53.

29．林列英．基于需求分类理论的老年教育课程体系建设研究［J］．宁波开放大学学报，2023（6）：35-39.

30．王淑芳，马丽华．老年教育课程建设的欧洲经验及启示［J］．河北大学成人教育学院学报，2022（12）：40-47.

31．申花．老年教育的课程设置困境与解决策略探析［J］．陕西开放大学学报，2022（6）：42-46.

32．韩娟．积极老龄化理念下的老年教育课程建设策略［J］．广州城市职业学院学报，2021（3）：70-74.

33．陈文娇，刘巧巧，肖杨．基于当代老年人学习需求的社区老年教育课程开发［J］．成人教育，2021（7）：35-40.

34．谢宇．老年教育课程体系建设策略研究［J］．高等继续教育学报，2020（4）：65-68.

35．杨晓琴，吴晓光．老年教育背景下的信息技术课程新探——以《老年智能手机》课程为例［J］．山西广播电视大学学报，2019（6）：39-42.

36．刘燕，李惟民．老年教育课程的层次化设计与设置［J］．当代继续教育，2017（12）：28-34.

37．袁雯，刘雅婷，马颂歌．教育即终身教育——面向中国式现代化的终身教育变革［J］．教育研究，2023（6）：138-146.

38．Mitzner，T.L.，Boron，J.B.，Fausset，C.B. et al. Older Adults Talk Technology：Technology Usage and Attitudes［J］．Computer in Human Behavior，2010，26（6）：1710-1721.

39．Hanson，V.L..Influencing Technology Adoption by Older Adults［J］．Interacting With Computers，2010，22（6）：502-509.

40．Chaudhry，B.，Dasgupta，D.，Mohamed，M. & Chawla，N.. Teaching Tablet Technology to Older Adults［C］．Proceedings of 23th International Conference on Human-Computer Interaction，2021.

41．Oh，S.S.，Kim，K.A.，Kim，M.，Oh，J.，Chu，S.H. & Choi，J.. Measurement of Digital Literacy among Older Adults：Systematic Review［J］．Journal of Medical Internet Research，2022，23（2）：e26145.

42.Steelman，K.S.，Tislar，K.L.，Ureel，L.C.，Wallace，C.. Breaking Digital Barriers: A Social-Cognitive Approach to Improving Digital Literacy in Older Adults［C］．Proceedings of 18th International Conference on Human-Computer Interaction，Toronto，Canada，2016.

43．Anikeeva，O.A.，Sizikova，V.V.，Demidova，T.E.，Starovojtova，L.I.，Akhtyan，A.G.，Godzhieva，R.B.，Karpunina，A.V & Maydangalieva，Z.A.. IT and Computer Technologies for Education of Senior Citizens and Improving the Quality of Their Life［J］．Eurasia Journal of Mathematics，Science and Technology Education，2019，15（11）：em1768.

44．Wang，C.X.，Carla，H.& Wang，Q.. Research on Technology-Supported Older Adult Learning: A Systematic Review［J］．Global Lifelong Learning，2022，3（1）：14-36.